引き継がれる中小企業

後継者15人の「事業承継」奮闘物語

日刊工業新聞特別取材班［編］
中小企業基盤整備機構 中小企業大学校［協力］

日刊工業新聞社

はじめに

中小企業の経営者の平均引退年齢は70歳前後とされる。経済産業省・中小企業庁によると、2025年には全体の6割に当たる約245万人がこの年齢を超えるにもかかわらず、このうち約127万人は後継者が決まっていない。それだけに、廃業が相次ぎ、約650万人もの雇用が失われる恐れがある。

もちろん、政府が手をこまねいているわけではない。法人の事業承継税制の抜本的な拡充をはじめ、数々の施策を講じている。しかし、残された時間は少ない。事業承継の準備は、後継者の育成を含めて5~10年かかるとされる。大廃業時代の足音が近づいており、多くの中小企業が生き残りをかけた正念場を迎える。

中小企業の経営者に事業承継について取材すると、「後継者選びは難しい」という声を聞く。日本政策金融公庫総合研究所の調査(2016年)によると、60歳以上の経営者の半数が廃業を予定し、その理由として「子どもに継ぐ意思がない」との回答が1割を超えていた。「子どもがいない」「適当な後継者が見つからない」を合わせると約3割を占めていた。高齢化が進み、〝後継者難〟によって廃業を余儀なくされる経営者は少なくない。

中小企業の事業承継を大別すると、「(子どもや親戚ら) 親族内承継」「(親族以外の) 役員・従業員承継」「(M&A〈合併・買収〉などの) 社外への引き継ぎ」の3つに分けられる。近年、M&Aが増加しているが、本書ではいまだ大きな割合を占める親族内承継を対象とし、15人の後継者を取材した。そこには、親子だからこその葛藤や世代交代後の従業員の反発など、さまざまなドラマがあった。

もともと継ぐ気のなかった息子もいた。本書には彼らが「なぜ継ぐ気になったのか?」「経営についてどう学んだのか?」「問題をどう乗り越えたのか?」といった生の声を収録した。業種や企業規模は異なれど、今、後継者に共通しているのは「会社を成長させる」という強い意志である。経営資源を生かし、新たな成長戦略を描こうとしている。

中小企業は日本の企業数全体の99・7%を占め、従業員数は雇用全体の70%を創出している。廃業に歯止めをかけねば、日本経済の屋台骨が揺らぎかねない。成長性のある中小企業が円滑に事業承継し、これからも日本の国際競争力を支えてほしい。本書がその一助となれば幸いである。最後に本音を語ってくれた後継者の皆さん、取材に協力してくれた中小企業基盤整備機構・中小企業大学校の皆さんに感謝します。

2019年2月

日刊工業新聞特別取材班

引き継がれる中小企業

～後継者15人の「事業承継」奮闘物語◉

目次

はじめに

〈ワンポイントレクチャー〉
改めて認識したい
事業承継課題へのアプローチ
事前に対策しておきたい4つのテーマ ❖ 9
▼独立行政法人 中小企業基盤整備機構
事業承継・引継ぎ支援センター 事業承継コーディネーター
大山雅己、種山和男

〈事業承継ファイル〉
社員の幸福度を高める同族経営のこだわり
「人の喜び」を共通言語で語り合える仕組み ❖ 21
▼オタフクソース株式会社

後継指名を受けられなかった思いを秘め、のれんを次代に
良き文化を守るために寄り添う
▼美濃清商工株式会社 ❖ 35

近江商人の心が宿る300年企業の変革スタイル
引き継がれる「転進」文化
▼大塚産業マテリアル株式会社 ❖ 49

社是実現のために任せて育て、信頼を広げる
社員の成長に合わせない事業経営は失敗する
▼菱信工業株式会社 ❖ 63

事業承継は「超友好的な乗っ取り」と受け止めるべし
自ら襲名する覚悟がなければ成功しない
▼新舘建設株式会社 ❖ 77

社会に不可欠な廃棄物ビジネスのイメージ向上に奮闘
決して遠回りではない愚直な承継
▼千葉企業株式会社
91

「好きにしていい」の言葉に込められた愛情が会社を育てる
入社10日で社長が務まった理由
▼興津貨物自動車運輸株式会社
105

父の敷いたレールにうまく乗せられ、恵まれた事業承継を実現
営業力に磨きをかけてくれた先代たち
▼株式会社オサシ・テクノス
119

キャラクターの違いを補い、ビジョン経営でまとめ上げる ❖ 133
2代続けて40歳で社長を継いだ
▼中野BC株式会社

世界中に「ラーメン大好き人間」をつくりたい ❖ 147
先代の夢を引き継ぎ、着実に海外進出
▼重光産業株式会社

承継すべきは「新しい事業」へのチャレンジ精神 ❖ 161
社会の変化を先取りするセンスを重視
▼株式会社生活の木

事業の多角化モデルを確立し、地方から世界へアピール ❖ 175
父の思いを姉弟で受け継ぐ
▼丸富士三浦建設株式会社

蒔いた種から出た芽を、
木に育ててこそ自分の役目
アルミ製品とLED照明の二本柱を軸に展開
▼株式会社シバサキ
189

親子間の軋轢を乗り越え、事業承継を果たす
退路を断って夢の実現に邁進する
▼東成エレクトロビーム株式会社
203

債務超過からの会社再建に確かな手応え
社員と励む永年企業の基礎づくり
▼株式会社明清産業
217

ワンポイントレクチャー

改めて認識したい事業承継課題へのアプローチ

事前に対策しておきたい4つのテーマ

独立行政法人　中小企業基盤整備機構
事業承継・引継ぎ支援センター　事業承継コーディネーター
大山雅己、種山和男

▼「15の視点」を使って現経営者と後継者とで〝対話〟をしよう

事業承継の課題の種類は大きく3つある。課題のうち最も重要であり、かつ後継者に承継する上で時間を要する「事業そのものの課題」について最初に説明したい。

非常に不思議なことだが、第三者に対する承継（いわゆるM&A）の際には当たり前とされる、「譲り受ける事業」についての確認・検証という作業（事業デューデリジェンス）が、親族内承継や従業員承継などいわゆる内部承継の場合は、ほとんど取り組まれることがない。その背景には、事細かに言わなくても「阿吽の呼吸」や「以心伝心」で伝わる、と誤解している方が非常に多いことがあるようだ。

そこで、現経営者と後継者（候補）が一緒になり、自社の事業について振り返ることをお勧めしたい。事業についての〝対話〟を通じて、財務諸表（貸借対照表）に表れない、目に見えにくい魅力（知的資産）について再確認するのだ。「なぜ、顧客から選ばれているのか？」「どのような思いをもって、どのような仕組みや工夫で顧客に支持される製品・商品・サービスを生み出しているか？」について、対話をして認識を共有しよう。

それでは、対話はどのように進めると効果的だろうか。ここでは、その具体的な手段となる「15の対話の視点」について紹介する。自社の事業を「沿革」「内部環境とバリューチェーン」

■ 事業承継3つの課題

課題の種類	内容	解決の主な担い手
事業そのものの課題	□事業の意義、魅力、価値 □事業のDNA □事業の知的資産 これらを踏まえた事業の将来像	経営者 後継者
事業を託す相手の課題 （誰に託すか）	□後継者の方向性 ○子息など親族内承継 ○第三者（従業員） ○第三者（マッチング・M&A） □後継者の育成 □後継者を支える幹部などの育成	経営者 後継者
事業を託す相手により個々に生じる課題 （税務・法務・資金調達など）	□子息等親族内承継 贈与・相続方法、贈与税・相続税 □第三者（従業員） 譲渡、譲り受け資金、経営者保証等 □第三者（マッチング・M&A） 譲渡、譲り受け資金など	顧問税理士など税務会計の専門家 法務の専門家

「外部環境」「自社の未来に向けての夢やあるべき姿」の4つのブロックから眺め、「15の視点」を通じて対話を進めるとよい。

①沿革

沿革だけでも、6つの視点＝振り返りのポイントがある。創業から過去を振り返ることにより、自社らしさを生み出す背景や理由に気づくことができる。その後の事業の変遷についても同様に振り返りを進めたい。

②内部環境とバリューチェーン

いわゆる、自社の強みや弱みは何かを再認識することである。「どのような思いで取り組んでいるか？」「工夫をしているか？」「そのようなことができる理由は？」と日々当たり前に思っていることについて

の視点

の着眼点を活用して、実際に経営者と向き合い対話をすることが次の 10 年に向けて事業を継続していくための取組み・事業性評価（理解）の取組みとして有益です。

【1】創業者はなぜこの事業をはじめられたのですか
【2】なぜこの場所・時期に事業をはじめられたのですか
【3】創業時の事業環境はどのようだったのですか
【4】事業が軌道に乗ったきっかけはどのようなものだったのでしょうか
【5】過去に大変な時期（受注が減少していた、赤字や債務を抱えていたなど）もあったと思いますが、どのように乗り越えられたのですか
【6】事業内容が変化していますが、どのような理由があったのでしょうか（事業の転換点となった時期はいつですか）

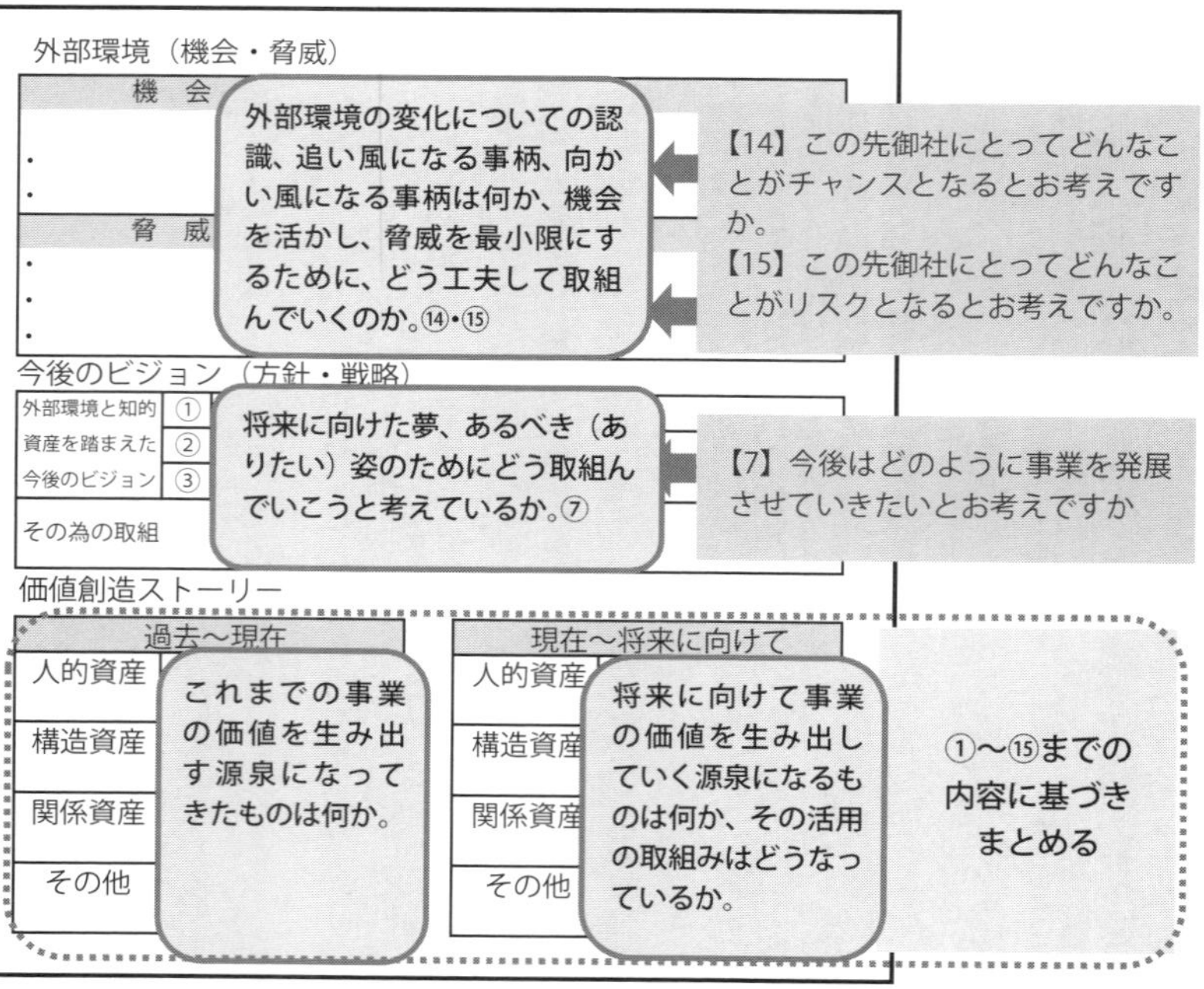

自社（取引先）の強み・課題を見つけるためには、自社（取引先）の事業概要や経営理念、業界動向、業務の流れ（バリューチェーン）等について、掘り下げて対話をすることが重要です。それらを把握し、強み・課題の発掘につなげる視点として、「事業価値を高める経営レポート（知的資産経営報告書）」

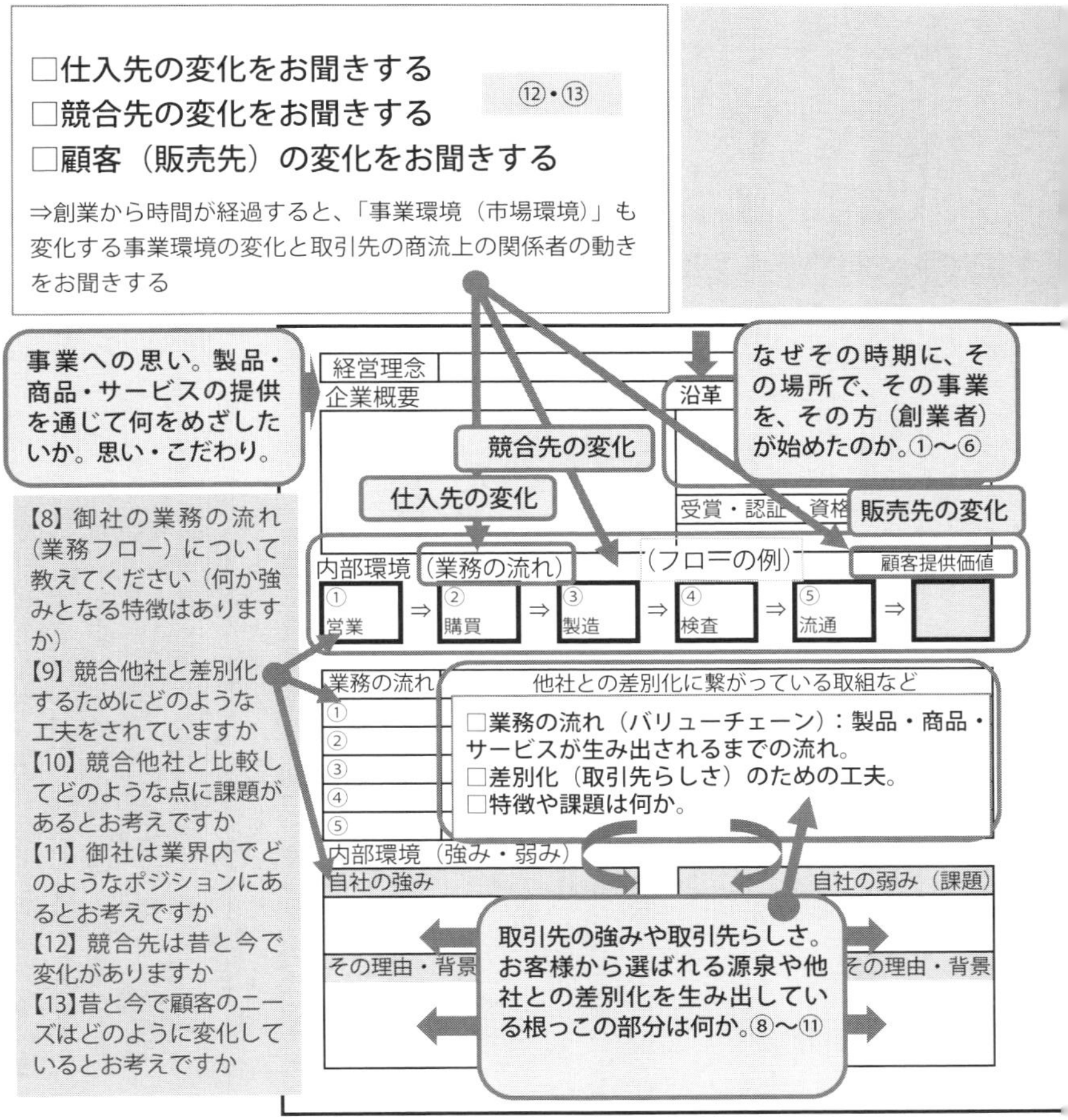

出典：「事業価値を高める経営レポート（知的資産経営報告書）作成マニュアル改訂版」
（独）中小企業基盤整備機構　2012 年 5 月の様式をベースに筆者作成

チェーンのプロセス強化

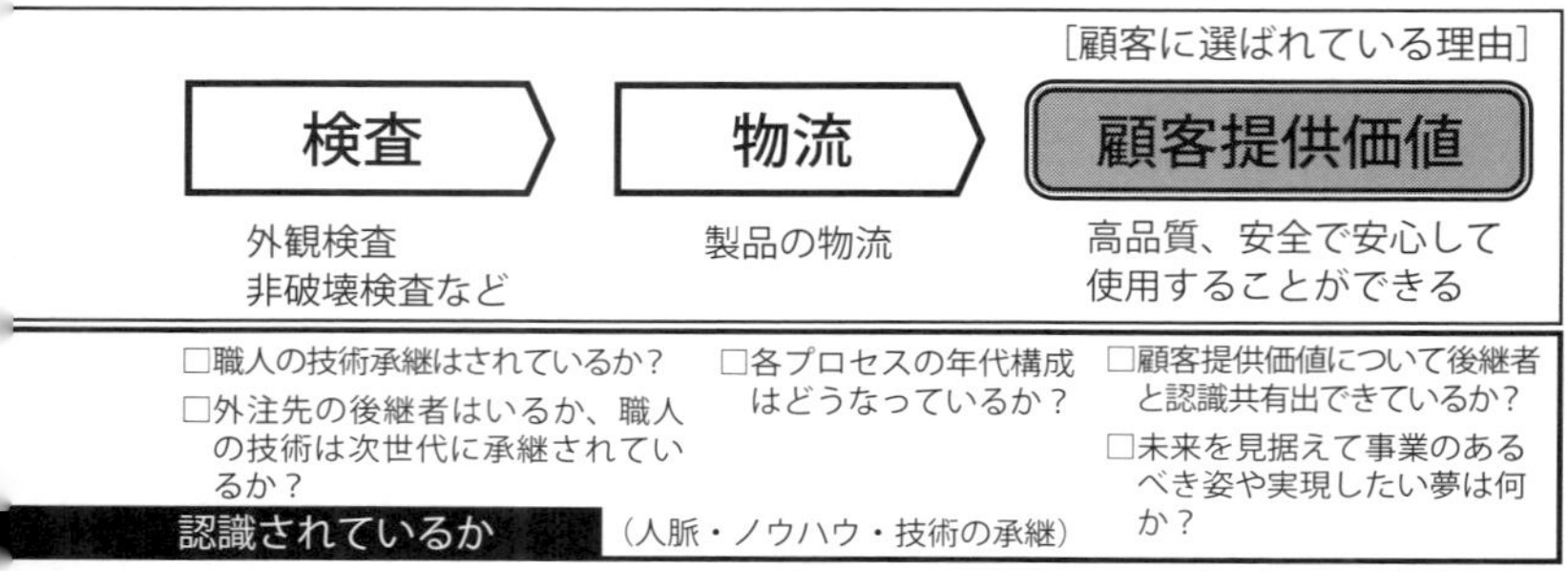

も、「なぜそうなのか？」真相を掘り下げてみよう。

③外部環境

事業の機会や脅威について考える。今後、追い風になりそうな要因や向かい風になりそうな要因は何かと、少し高い視野に立って事業を俯瞰する。社会や産業全体の動きを認識することと、直接関連のある状況（顧客ニーズの変化、競合関係など）についても、どのような変化が生じているか、これからどうなるかという視点からとらえてみよう。

④自社の未来に向けての夢やあるべき姿

事業を未来に向けて継続していく上で、「こうしたい」「このようにありたい」という夢やあるべき姿を描く。これらを「15の視点」を使って、現経営者と後継者が向かい合って対話を通じて振り返ることが肝要である。

■事業承継に向けたバリュー

【参考】 製造業（ねじ製品製造）のバリューチェーン（事業の流れ・プロセス）の例

営業	購買	製造
顧客需要の把握・受注獲得 図面受領・仕様調整	鋼材仕入	生産ライン調整 外注手配・調整

事業承継の視点		
	□取引先とのつながりは承継されているか？	□仕入先とのつながりは承継されているか？ □仕入先の後継者はいるか？

□経営理念や事業に対する思い、”強み”や”らしさ”は後継者に

▼ギャップを知り、バリューチェーンのプロセスを強く太くする

「15の視点」で対話を進めると、「現在」と「未来」（夢やあるべき姿）との間に、ギャップがあることに気づかされる。この気づきが、とても大切である。現在、保有する「強み」や「らしさ」に対し、現在はあるが失う可能性があること（現在の「強み」や「らしさ」を維持し、さらに伸ばす課題）や、現在は持っていないため今後保有したり改善したりすること（ないもの・足りないものを充足・改善する課題）というように、2つの異なるベクトルの課題があることに気づく。こうした気づきにより、夢やあるべき姿に近づくためという目的を持って「ギャップを埋める」意識が働き、行動につながる。

　こうしたギャップを埋める取り組みが「事業の磨き上げ」となる。会社・事業者ごとに、磨き上げの課題は異なる。そ

の中身は、自社の「創業からこれまで」「現在」「これから未来に向けて」について振り返る機会がなければ見えてこない。対話は、ギャップに気づくための役割を果たす。現経営者と後継者がともに気づくことで、未来に向けて取り組むべき課題と伝え残していくべきこと、変えてはいけないことや事業環境の変化に合わせて変えていくべきことなどが見えてくる。

事業承継税制における「特例承継計画」（様式第21）は、まさに「ギャップ」に気づき（記載項目4）、「ギャップを埋めるための取り組み（＝事業の磨き上げ）を整理し、計画を立てること（項目5）を求めている（参照：URL　http://www.chusho.meti.go.jp/zaimu/shoukei/2018/180402shoukeizeisei.htm）。

大事業承継時代と呼ばれることもある現在の世の中の情勢は、自社（あるいは地域社会）のバリューチェーンのプロセスや機能に目詰まりや寸断が生じかねないリスク、自社が他社（あるいは地域社会）のバリューチェーンのプロセスや機能を目詰まりや寸断を生じさせる要因となる状況が多方面に生じていることを認識したい。

現経営者と後継者が自社の事業を振り返るだけでなく、その対話の中で「他社や地域にとっての自社の機能や役割」「自社にとって関係各社がもたらす機能や役割」というように、周囲を眺めて状況を把握し、必要に応じて行動に移すことが必要だ。「15の視点」で対話をすることから始めたい。

■特例措置を受けるための要件

①事前の計画策定：2023年3月31日までに、都道府県庁に「特例承継計画」を提出していること
②適用期限：2027年12月31日までに、後継者が贈与・相続（遺贈を含む）により自社の株式を取得すること

▼事業承継税制は計画的な取り組みが肝心

2018年4月に、事業承継税制（後継者が、非上場会社の株式などを先代経営者から贈与・相続で取得した場合、贈与税・相続税の納税が猶予・免除される制度）に特例措置が設けられた。特例措置では、従前の制度と比較して適用株式数の上限撤廃、納税猶予割合の増大、雇用維持要件の緩和、後継者の範囲の拡大など要件が大幅に緩和された。

特例措置を適用するには、「特例承継計画」を提出する必要がある。提出件数は2018年12月末までの9カ月間で、1800件を超えたことから関心の高さがわかる（従前の事業承継税制は、2018年3月31日までの9年間で贈与税・相続税の認定数2312件：中小企業庁）。

そこで、事業承継税制（特例措置）の活用に当たり、特例承継計画作成時の主な注意点について説明する。

①特例措置の性質

特例措置は時限立法である。「特例承継計画」を提出して実行しなかったとしても、罰則規定はないため、承継時に税負担が想定される場合は、

活用するかしないかにかかわらず提出しておきたい。特例承継計画策定をきっかけに、自社の将来について考えることが重要である。

②計画書の記載内容

特例承継計画の主な記載内容は、「会社概要」「代表者」「後継者」「代表者から後継者へ自社株式を承継する前までの経営計画、承継後5年間の経営計画」である。計画的に経営課題に取り組むことと引き換えに、納税が猶予される。相続税対策（自社株対策）の記載が求められているわけではない。

③計画書の提出

「特例承継計画」を提出する際は、認定経営革新等支援機関の所見が必要である。自社の顧問税理士が認定を受けているか否かを確認しておきたい。

事業承継税制は、一度適用すると後戻りはできない。したがって、自社が事業承継税制の適用要件を満たしているか、将来的に要件を満たし続けることができるかについて、適用前に専門家を交えて十分に検討することが求められる。

▼後継者問題は早目に相談を

「中小企業白書2018」によると、60歳以上の経営者で後継者が不在の割合は48・7％と、約半数の企業で後継者が不在である。中小企業庁では、これらの企業が廃業した場合、2025年頃までの10年間の累計で約650万人の雇用と、約22兆円のGDPが喪失すると試算している。後継者不在で廃業する企業の中には、黒字で廃業する企業や地域にとって必要不可欠な企業も含まれており、これらの企業をいかにして残すかが課題になっている。

それでは、そもそも、なぜこのようなことが起きているのだろうか。

1番目の理由としては、親族内の承継が減ってきていることが挙げられる。少子化や職業選択の多様化、業界の先細りにより、親が子供に継がせない、などがある。

また2番目の理由は、M&Aにネガティブなイメージを持つ経営者が依然として多く、他社に引き継がずに自らの代で廃業を選択するケースもある。

そして、3番目の理由は、特に小規模事業者に多いがM&Aは巨大企業で行われるもので、自分の会社や店がM&Aの対象になるわけがないと思っている経営者も少なくない。後継者不在により廃業を考え、取引先に廃業の挨拶に行ったところ、事業の引き継ぎを打診されて経営者自身が驚くケースもある。

さらに4番目として、事業承継＝相続と考える人が多く、周囲の人（親族、役職員など）が経営者に面と向って事業承継の話を切り出せないため、経営者自身があまり意識していない場合も多い。経営者自身が「生涯現役」でいたい気持ちは十分に理解できるが、親族や長い間一緒に働いてきた従業員が、常に廃業リスクにさらされる状況にも早期に気づくべきである。

このような状況下で、国は各都道府県に「事業引継ぎ支援センター」を設置し、後継者不在企業の経営者からの相談に応じている。また、中小機構に設置されている「中小企業事業引継ぎ支援全国本部」には、全国の「事業引継ぎ支援センター」が受けた相談内容がデータベース化されており、売り手企業と買い手企業のマッチングを促進する仕組みがある。。わが国が培ってきた中小企業の底力を次代に継承すべく、さまざまな器が用意されているので後継者がいないからと廃業を決める前に、こうした組織を活用するのもひとつの方法である。

一方、後継者（候補）がいる企業は、M&Aを活用した事業戦略（事業規模の拡大、新規事業への進出など）に「事業引継ぎ支援センター」を活用できる。また、後継者不在企業の割合は年々増加しているため、取引先企業の急な廃業によるサプライチェーンの分断に備える必要がある。取引先ごとに後継者の有無を確認している企業もある。

※日刊工業新聞連載「事業承継指南」（2019年1月25日〜2月15日）をもとに加筆・修正した。

社員の幸福度を高める同族経営のこだわり

「人の喜び」を共通言語で語り合える仕組み

オタフクソース株式会社

ふんわりと盛り上がったお好み焼の頂から、ゆっくりと流れ落ちるソース。ふもとで鉄板と出会い、「ジュー」と派手な音を立てる。芳しい香りが広がり、食欲をかき立てられる。オタフクソース株式会社は、お好み焼専用ソースのトップメーカーである。1922年、佐々木清一氏が酒や醤油類の卸小売りなどをする「佐々木商店」を創業したのが起源。1938年には酢づくりを開始し、醸造業に進出した。その後、広島を襲った悲劇の日、1945年8月6日にすべてを失う。しかし、焼け跡から不死鳥のように甦り、1952年にはお好み焼専用ソースという新たな魅力を手にし、同社の歴史が再び動き出した。

この30年間は急成長期となった。昭和の時代に基礎を固めた会社が、平成の声とともにそのブランドを確立。売上高も4倍に膨らんだ。

会社概要

社　名	オタフクソース株式会社
住　所	〒733-8670　広島市西区商工センター7-4-27
電話番号	082-277-7111
URL	https://www.otafuku.co.jp/
設　立	2009年10月（1922年創業）
資本金	1億円
売上高	240億円（2018年9月期）
従業員数	593人（2018年9月）
事業内容	ソース、酢、たれ、その他調味料の開発・製造・販売

オタフクソースを中核とする「お多福グループ」は、持ち株会社「オタフクホールディングス」を全体の意思決定機関に据える。「オタフクソース」「お多福醸造」「お好みフーズ」「ユニオンソース」などが主要事業会社となっている。さらに、オタフクソースにはアメリカと中国、マレーシアの現地子会社がぶら下がる構図だ。2019年9月期の連結売上高は257億7500万円を見込む。2023年9月期は300億円の大台突破を目指している。

生み出した商品が、今や広島のソウルフードとも言えるお好み焼とうまくマッチした。紆余曲折を経て、お好み焼とお好みソース、お好み焼文化を世界に発信している。

▶創業100年を控え、第３世代と呼ばれるリーダーたちがオタフクソースを率いる。第７代社長の佐々木直義氏は成長のキーワードに「教育」を掲げる

▼90年にわたり同族で承継してきた

オタフクソースは、典型的な同族企業である。創業者の清一氏は6男1女の子供たちを設けた。長男は若くして亡

くなったが、次男は佐々木家の原点とも言うべき酒類販売店を継いだ。そして三男の勉氏が2代目として後を継ぎ、以降は四男、五男、六男と順番に社長を務め、6代目からは清一氏の孫の代に当たる第3世代が経営を担っている。

前社長を務めた佐々木茂喜氏は、勉氏の次男である。現在は持ち株会社オタフクホールディングスの社長として、事業会社オタフクソースの経営を側面から支えている。そして、現社長の佐々木直義氏は7代目で、父は創業者の六男である。32歳で役員になり、早くから第3世代の有望株と目されていた。直義氏が主宰する最高経営会議のメンバー8人は、2人を除いて全員親族という体制である。

▶ 1978年に現在地に本社工場を移転。玄関前には創業者・佐々木清一氏が記した「安碑銘」がたたずむ

一般的に同族経営には功罪も多い。親族の団結力が強みとされる一方で、社員のモチベーションが減退する弱みも指摘される。経営にとってはどちらも重要な要素だが、同社ではこの課題にどう対処しようとしているか。直義氏は〝教育〟をキーワードに掲げる。

▼共通言語で語り合えるようになるための教育

オタフクソースの第2世代は、創業者清一氏の薫陶を受け、ともに汗を流しながらいわばOJT教育で育った。しかし、第3世代からは趣が変わってくる。醸造酢・ソースともに黎明期は過ぎ、発展期を迎えようとしていた。

その少し前になるが、1975年に3代目社長が海外視察で訪れたイギリスで、後にお好みソースの重要な原料となるデーツ（ナツメヤシ）と偶然出会う。そこで、「見聞を広げ、知らないことを知る」という教育の重要性を痛感したという。そしてこれを機に、「新しい時代を担う人財の教育に金を惜しむな」と幹部に命じたのである。

こうした流れを受けて、1984年から全国の中小企業大学校への社員派遣を始めている。そこでの学びは、同社の体系的な社員教育の原点となった。まず「経営後継者コース」の受講に始まり、やがて幹部社員を養成するための「経営管理者養成コース」への派遣も加えた。このほか生産現場向け教育として、「工場管理者養成コース」にも人材を送り出した。これまでの受講者数は延べ700人近くに上る。

もちろん第3世代のリーダーたちも、前社長の茂喜氏は関西校、現社長の直義氏は東京校とそれぞれ中小企業大学校のOBである。さらに6人のいとこたちも、相前後して経営後継者コースを受講している。入社後すぐの26～27歳で学んだ直義氏は記憶をたどる。

「各社の後継者候補と机を並べ、学生時代とは違う刺激を味わいました。今も友人としてつき合っている経営者もいます。中でも、当時のゼミの先生との出会いは印象的でした」

あるとき、受講生を派遣した会社を見学する講座が組まれていた。その会社の訪問直後から、ゼミ講師による辛辣な言葉が向けられた。直義氏はその光景を今も覚えている。

「先方の社長を前に、『その方法ではダメです。これでは社長をやらせられない』と言い切ってしまうような意志の強い先生でした。その場でドキドキしたものですが、今でも振り返り、リーダーとしてどう振る舞うべきか考えるようになりました」

いとこたちを含め、社内には大勢の同窓生がいる。言い換えれば、ほぼ近い思考レベルを共有して仕事が進められることにほかならない。これを同社では、「社内共通言語」と呼んでいる。共通言語は、多くの人財を同じ教育機関に派遣する最大の長所になっている。たとえば、財務関連の社内会議を開くとき、経理や財務、総務など専門部署以外の人に対し、基本事項のレクチャーを省くことができ、スムーズな運営が行える。

▶工場棟に並ぶ野菜果実・ウスター・醸造酢などの原料タンク。本社工場では食品安全に関する国際規格「FSSC22000」を取得

▼社員一人ひとりが改革のエンジンとなってほしい

直義氏の社長就任後に最も変わった点として、現場と社員を重視する、いわゆる「委ねる経営」の志向が挙げられる。社会や組織の構成員、つまり社員たち一人ひとりが、会社発展や改革に必要な力をつけることを目指すものだ。そのために、ゼネラル・エレクトロニクス（GE）社で展開される「ワークアウト手法」を導入した。これは短期間問題解決手法と訳され、少人数で取り組み、組織のプロセスを変化させる方法である。民間の教育機関などの講師を専門コンサルとして派遣を依頼し、討論をまとめていた。

経営企画部門が全国から50人程度の社員を選び、1チーム10人程度に分けて5チームを編成した。同じテーマで討議させ、最後にチーム別に意見をまとめて社長に直接提案させる制度である。メンバーは課長職以下が中心だった。直義氏は説明する。

「ベテランがいると、下の者が意見を言いづらくなるからです。専門ファシリテーターの助言もあり、商品開発や原価計算の変更など経営に反映される提案件数は増えています」

GE社の手法を取り入れた底流には自身の経験がある。直義氏は32歳で3人のいとこと同時に役員登用された。経営後継者コースを修了して5年が過ぎた頃だ。当時の3代目社長は、直義氏が学んだ内容を改革案としてまとめさせる「21世紀委員会」を設けた。社長候補のいとこたちと部長級を合わせた10人程度のメンバーで、当時60億円だった年商を100億円にするのがテーマだった。当然、提案のやりがいに満ちあふれていたという。

▼アメリカの立ち上げ経験で大きくなれた

直義氏の経営に影響している経験がもうひとつある。1998年に設立した「オタフクUSA（現オタフクフーズ）」である。お好みソース、焼そばソースなどの北・中南米向けの製造、販売事業を手がけている。その体験が今、役立っていると述懐する。

「何もないところから事務所を立ち上げ、人を雇い、販路を開拓していったのです。当時は

▶2008年に開設された「Wood Egg お好み焼館」。研修センターのほか体験施設やミュージアムを備える

34歳でしたが、3年間みっちり『人とカネ』についてては身をもって学びました」

社長に就任したとき、企画から管理、購買、財務、生産、輸出入までは経験済だったという直義氏。しかし、国内営業だけは胸を張れる経験がなく、そのこともあって後継者や有望な社員には、若い時代に関連会社のトップマネジメントを任せてみたいと常々話している。

▼健康と豊かさと和

同社は、世界の国や地域によって異なる食文化に対応し、食生活を通じて「健康と豊かさと和」をもたらし、笑顔あふれる社会に寄与することを使命としている。主力商品の「お好みソース」は、野菜や果物、

▶ 通販限定品をはじめ各種ソース、たれ、酢の関連商品が所狭しと並ぶ（Wood Egg お好み焼き館別館ショールーム）

酢など50種類もの原材料からできており、ウスターソースに比べて塩分は低くノンオイルだ。さらに塩分や糖分をカットした兄弟商品を加えることで、〝健康〟と結びつける役割を与えている。そして、健康的で栄養バランスに優れているお好み焼を追求すべく、野菜を食べる初の直営店「Vege Love it!（ベジラビット）」を２０１７年に開店した。

一方、〝豊かさ〟の発信に向けて、海外市場の開拓にも力を注ぐ。アメリカや中国に続き、ムスリム（イスラム教徒）の人が食べられるお好みソースなどを生産するマレーシア工場を新設した。ハラール認証を取得し、当初の予想を上回る稼働率で操業している。お好み焼を囲むことで生まれる団らんにより、心の豊かさも提供している。

国内では、高齢化や多様化など社会背景に合わ

▶2018年10月に、広島駅商業施設内にオープンさせたお好み焼体験スタジオ「OKOSTA」。幅広い層にお好み焼文化に親しんでもらいたいと願う

せた簡便商品の投入以外にも、外国人や観光客においしさ・楽しさを知ってもらうため、食文化発信ステーション「お好み焼体験スタジオ・OKOSTA（オコスタ）」をオープンした。また、前社長の茂喜氏の時代には全国のお好み焼店と研究者、材料関係会社を組織化した「一般財団法人お好み焼アカデミー」を創設。これらの展開は、〝豊かさ〟の拡散と言える。

そして、〝和〟とは幸福の源である。美味しい幸せを囲むことは、同社が考える「幸せのかたち」のひとつ。「小さな幸せを、地球の幸せに。」をコーポレートスローガンに掲げ、お好み焼を軸として、人と人との心の垣根を超えた先にある小さな幸せを、世界中に未来に広めることに挑む。

▶ インバウンドの増加で伝統のロゴにも英字版「OTafUKU」を追加。お好み焼を軸に「幸せのかたち」の輪を世界中に広めたいと佐々木直義氏は決意する

▼ 働く人にとっての魅力をとことん考える

広島県の中小企業の後継者不在は、全国でも上位にランクされる。理由はさまざまだ。その中で経営者自身が、自らの子息や子女に「継がせたくない、苦労させたくない」とする企業も多い。つまり、自社の魅力を否定しているわけだ。直義氏はこう反論する。

「当社がそうでしたように、受け継ぐ人が『この会社は100年続く。日本一、世界一になれる……』と思えば、後継者の心配はいらないのではないでしょうか。逆に言えば、将

沿革

1922年　酒・醬油類の卸小売業「佐々木商店」を創業
1957年　お多福造酢株式会社設立。「お好み焼用」ソース発売
1975年　オタフクソース株式会社に社名を変更
1987年　東京に、初のお好み焼研修センター開設（以後各地へ展開）
2005年　ユニオンソース株式会社と業務・資本提携
2008年　お好み焼の博物館「Wood Egg お好み焼館」開設
2013年　おもてなし経営企業選に選出（経済産業省）
2015年　オタフクR&Dセンター Will Egg開設
2016年　女性活躍推進「えるぼし」企業認定（厚生労働省）
2018年　阪急うめだ本店にテイクアウト専門店「oh!!sauce」開店

来性がないのに引き継げと迫るのも無理な話です」

人財確保も同様である。お多福グループは大卒を含め、売り手市場の中で計画通りに定期採用をしている。培ってきた「ブランド」イメージが奏功しているようだ。一方で、働き方改革にも積極的な姿勢を見せる。労働時間削減のための「時間外労働の見える化」、連続5日間有休を取得できる「ノーリーズン休暇」などをはじめ、勤務地の選択、再雇用制度、時短勤務など手厚い。仕事と子育ての両方を支援する「くるみん」企業という厚生労働大臣の認定も受けている。「社員を大切に」は〝社是〟と言える。

オタフクソースは、調味料業界で大手に数えられるようになった現在も、同族経営の良さと社員の高幸福度を併せ持つ。むしろ、それが成長への原動力にもなっている。

column

疑似体験が甦る!?「お好み焼のある風景」

オタフクソースの地元、広島のラジオ番組では、お好み焼にまつわる思い出をエッセイとして募集し、番組で朗読している。その名も「お好み焼のある風景」。週に2回、お昼前に放送され、お好み焼文化の発信にひと役買っている。

広島のおふくろの味は今や全国区だが、戦前は子どものおやつ「一銭洋食」として親しまれてきた。戦後、手に入りやすいキャベツなどの野菜が増え、さらに肉や麺が加わり、現在の広島お好み焼の原型ができたのは昭和30年代に入ってからとのこと。その昔、千利休が茶席で出した「ふの焼」という焼いた生地に味噌を塗った茶菓子がルーツと言われており、東京のもんじゃ焼きや大阪のチョボ焼きはその親戚に当たる。味の決め手は、何と言ってもソースにほかならない。

「『また、お好み焼しようね』。ソースでベタベタの、満足そうな顔を見て、主人と笑った。娘の成長を、こうして、一緒に鉄板を囲みながら感じている」

優秀作品の一作だが、ソースが団らんを見事に演出する様は誰もが納得するところだ。

後継指名を受けられなかった思いを秘め、のれんを次代に

良き文化を守るために寄り添う

美濃清商工株式会社

京都市に本社を置く美濃清商工株式会社は、180年余の歴史を誇る老舗木材総合商社である。草創は1831（天保3）年、高瀬川畔で焼き板の製造で始まった。社名にある美濃清は、代表取締役社長の若山貴義氏の祖先が美濃国（現在の岐阜県郡上郡）から京都に出て商売を始めたときの屋号、「美濃屋」に由来する。草創期には木材業のほか両替商も行っていたが、明治を迎えると両替商を廃止。木材業に専念し、商号を「美濃清」に改めた。美濃清の清は、初代の美濃屋清八、2代目の清兵衛、3代目の清右衛門など名前に「清」を引き継いでいることからつけられた。

▼180年の老舗を引き継ぐ12代目

その後は、当主の死去や戦前の木材統制令などでたびたび廃業の憂き目に遭うが、その都度一族

会社概要

社　　名	美濃清商工株式会社
住　　所	〒601-8371　京都市南区吉祥院嶋樫山町35
電話番号	075-682-2511
U　R　L	http://minosei.co.jp/
設　　立	1946年1月（1831年創業）
資 本 金	5,000万円
売 上 高	約30億円（2018年5月期）
従業員数	49人（2018年5月）
事業内容	アメリカ・ロシア・南洋・台湾などの原木・製品の輸入と国産材の原木・製品・プレカット、各種建築用材、合板・建材・住宅設備機材の製造販売

が協力し、美濃清の看板を守り続けてきた。現在の同社は、第2次世界大戦直後の1945年に7代目の清次郎が株式会社組織として再生し、現在の業容の基盤をつくった。貴義氏は12代目となる。歴史ある老舗企業の社長の長男でもあり、幼い頃から事業を引き継ぐことを期待されていたようだが、本人は「継ぐつもりはなかった」と打ち明ける。

大学は法学部に進学し、教員免許を取得して学校の教員になるのが目標だった。しかし、必要科目の単位を担当教授と喧嘩し、落としたことで教師を断念。そのまま大学に残るか迷ったが、結局は父親に相談して入社を決めた。とは言え、過去にも代々若山家が社長を継いできており、入社した時点でいずれは社長になるとぼんやり意識はした。

▶12代目社長の若山貴義氏。「機械化はコスト面で難しいところがあるが、経営的にはまだまだ改善できる」と語る

入社した貴義氏が最初に配属となったのは、総務部経理課である。そこで3年勤務した。同社では採用は部門別が基本で、

営業採用であれば営業に配属となり、総務採用であれば経理に配属となるが、先代で父の若山備弘《ともひろ》氏が入社段階から会社全体を把握するようにうまく動線を引いていた。実際、経理の後は製品部製品課配属となり、フォークリフトなどに乗りながら倉庫業務で在庫管理などを学び、その後は実際に原木の競りを行う市場部門である原木部市場課に配属となっている。

先代から後継者に会社を引き継ぐ場合、まず営業を経験して顧客との接点を増やし、顔を覚えてもらうというところも多いが、貴義氏は父の思惑についてこう分析する。

「初めに営業に配属したら鉄砲玉のように飛び回って、会社の中でじっと一日8時間も座っていられなくなると考えたのでしょう。ですから最初は経理に配属して、会社全体の数字や課題をじっ

▶ 京都市内を流れる桂川沿いに位置する個性的な外観をした美濃清商工本社

くり把握させるようにしたんだと思います」

▼仕事を続けてふつふつと湧き出した疑問の数々

貴義氏が入社後、最も面白かったと振り返るのが、市場担当の営業である。当時、同社では原木の市場を月に3度ほど開催していた。

市場を立てる同社の役割は、山のオーナーなどから切り出された原木をいかに集め、競りにかけ、買い手に満足して競り落としてもらうかにあった。競り落とされたときの販売手数料が同社の取り分となる。競り落とされた木材を運ぶ手配もする。

「木材を仕入れて競りにかけるのではなく、山のオーナーなどの荷主から商品を預かって競りにかけます。勧誘しても売れなかったら、以後は出してもらえない。そんな構図の中でしたので、難しいですけれど面白かった」

ただ一方で、市場の運営方法にも疑問を抱くようになった。当時はまだ伝票も手書きで、入札・落札のコンピュータ化も未完だった。また、最も悩ましかったのは、競りにかけられる量が一定ではなかったことだ。日本の伐採現場で大規模なところは少ない。そのため、市が開催される市日（いちび）によっては、買い手が求めるに十分な量やサイズなど材木が集まらず、買い手を落胆させることも多かった。

そんな悶々とした思いが募った頃、先代が手渡してきたのが中小企業大学校関西校の経営後継者コースの案内パンフレットだった。

▼組織や数字の目的と意味を理解し、エビデンスに基づく経営を目指す

それは、貴義氏が抱いた木材市場の機械化やコンピュータ化、事業拡張の可能性を後押しするだけではなく、ぼんやり映っていた「事業承継」がより明確になった瞬間でもあった。貴義氏は中小企業大学校で受講することになった。そして、父は貴義氏に約束を迫った。

「毎日学んだことをレポートにして、この封筒で送れ」

貴義氏は、父が本気で社長にさせるつもりだと感じ取った。大学校の勉強は実践的であり、一日に3冊、本を読んでレポートを提出させるなどは日常茶飯で、結構厳しかった。それでも父の言いつけを守った。

「書かないと、なんだかんだと言われますから（笑）。学んだことから、『会社のここがダメ』とか『これをすべきだ』という批判的な内容まで相当書いて送りました」

次第に断片的だった経営の知識が、貴義氏の脳の中で体系化されていった。会社のファンクションの目的が明確になり、たとえば経理では数値的な管理で経営を見るようになったほか、感覚的だった経営をより数値やエビデンスに基づいた「科学的経営」に変化させる契機となっ

▶ 扱い品目は住宅向けが8割、建設用コンクリート型枠などに使われる建材・新建材が残りとなっている

た。一方で、理論や目先の数字にとらわれ過ぎない、人間としての経営の基本もこのとき学んでいる。

「たとえば、マーケティングで人の心を動かす方法を知って、商品に興味を持ってもらったとしても、それが本当にお客さまのためかどうか。それを扱うことで、お客さまとの関係が長続きしないようでは意味がありません。売上や利益を伸ばすことは後からついてくるもの、ということは講師からも口酸っぱく言われました。心のつながりや絆が重要だということも、改めて認識させられました。修了してだいぶ経った今も意識しています」

大学校から戻った貴義氏の目には、自社が他業界に比べて遅れていることや、できていない部分が多いことがより鮮明に映った。そして、事業への向き合い方も一層積極的になった。復帰後に配属されたのは外材の輸入部門だったが、ここで新たに挑戦を始める。

輸入部門は、アメリカやカナダなどの北米産材を、総合商社を通じて輸入していたが、ある日、ソ連（現ロシア）から木材を輸入する話を持ちかけられる。商社が現地で工場をつくり、そこで製材して日本に持ってくるという話だった。そもそも北米から輸入材が総合商社を通していたのは、為替リスクを回避するためで、そこにロシア材という柱ができれば収益の安定化が見込める。さっそく貴義氏は事業に乗り出した。結果的には20年後に撤退することになるが、攻めの姿勢が表れたひと幕となった。

▼先代が亡くなって10年後に社長を継ぐ

貴義氏は２００５年に、50歳で事業のバトンを引き継いだ。しかし、父から直接後継指名を受けたり、バトンを渡されたりしたわけではなかった。なぜなら、父ががんで急逝したからである。１９９４年に父が亡くなり、その後を継いだのは祖父の弟の長男で、又従兄弟の関係に当たる人物だった。

「担当医からは、『本人には言わず普通に接してほしい』と要請されました。そうしたこともあって、引き継ぎの話は何もできませんでしたし、父からも『おまえ、やってくれ』とは結局

▶海外からの輸入材が同社の扱いの７割を占める（写真左）。一方で、近年扱いが伸びているのが集成材（写真右）

言われずじまいでした」

同社には事業部門が3つあり、それぞれ専務、常務という立場で親族が関わっていた。そして、父が亡くなった10年後に、取締役会で貴義氏の社長就任が決まった。

事業承継をスムーズに行うためには、早い段階から次期社長が誰であるかを社内や取引先に周知することが重要になる。その点で後継指名を明確に受けず、また周囲に周知することもなかった貴義氏にとっては、十分な環境だったとは正直言い難い。

社長就任後、貴義氏は難題に直面するたびに、中小企業大学校時代に一緒に学んだ全国に散らばる同期の社長や社長候補に、悩みを打ち明けては乗り切ってきた。

「同業者や地元の財界とのネットワーク

▶オフィスは木材の会社らしく木の香りが漂う

もあり、そちらでもいろいろ話し合うことがありますが、同業者や地元だと話しにくいこともある。その点、大学校時代の同期は全国に散らばっていますし、業種も違うためいろいろ相談でき、つまらない愚痴も言えます。そういう場や仲間がいることは大きいです」

▼川上から川下まで商品に「思い」を載せて提供するのが理想

中小企業大学校で繰り返し、意識させられた「心のつながり」や「絆」についても、事業の中に落とし込むことの難しさを感じている。現代の日本はかつてないほど大災害に遭う機会が増えている。そして災害が起こるたびに「絆」や「つながり」を大切にする声は大きくなっている。しかし、180年余の老

▶滋賀県や京都府を中心に大阪府、奈良県、兵庫県の一部など関西圏が主な出荷先

舗企業に身を置く貴義氏は、「絆」や「つながり」は微妙なバランスの上で成り立っていると感じ取る。

戦前から継続してつき合ってきた会社がある一方、その間に消えていく会社もある。そんな関係を大切にしながらも、新しいことに挑戦しなければ企業としての成長はない。ただ目先の利益を追うと、同業者から「ギスギスしてるんやない？」という声も飛んでくる。

老舗企業では、顧客第一主義を掲げるところは少なくないが、それが過ぎる結果、顧客自身の首を締めることになりかねない。特に、買い手と売り手を取り持つ機能がある商社にとってはなおさらだ。

「理想的なことを言えば、山から質の良

▶2018年に中小企業大学校研修を修了した長男へのバトンタッチに向け、入念な準備をしたいと決意を述べる若山貴義氏

い木を持ってきて、川下の工務店さんや住宅の施主さんに提供できればいい。ただ、川下に軸足を置き過ぎると、川上との対立になる。山から木が出てこなくなれば、エンドユーザーにも木が届かなくなります。その中で、私たちもきちんと利益を出さないと、継続はできなくなる。難しい問題です」

地域や取引先、関連業界などのつながりの上に成り立った、独特の感覚とも言える。

▼引退しても相談ごとがあれば、いつでも応えることができる関係

貴義氏が事業のバトンを引き継いでから12年余り。今、次の引き継ぎに向けて準備を進めている。２０１８年には、中小企業大学校関西校の経営管理者研修を長男の若山雄亮氏が終えている。

沿革

1831年	若山氏一族が美濃屋の屋号で焼板などを製造販売する木材業と両替商を開始
1868年以降	4代目清三郎氏時代に両替商を廃止し、木材業に専念
1923年	関東大震災を機に横浜に出店
1942年	木材統制令により美濃清を廃業
1945年	7代目清次郎氏が主体となって京都木材商工を設立
1948年	清次郎氏と弟の英三郎氏が美濃清木材を設立
1960年	京都木材商工と美濃清木材が合併して美濃清商工となる
1964年	社員持株制度発足
1988年	本社を現在地に移す
2005年	若山貴義氏が社長就任

林業や材木業界を取り巻く環境は、決して明るいとは言えない。貴義氏は「卸としてはあと10年、15年いけるかというと難しい」と語る。美濃清の暖簾を守っていくためには、チャネルを変え、住宅づくりにも積極的に関わっていく必要があると思っている。

「ただ、それは息子が社長となって判断することです。私は、そこには口を出さない。経営のテクニカルな部分では中小企業大学校で学んでいますので。あとは美濃清の良さ、文化をどう発揮していくかだと思います」

経営者は、引き継ぐものではなくつくるもの、と貴義氏は考えている。自身は引き継げなかったという過去もあり、事業承継はXデーを迎えてきっぱり引退になるとは思っていない。そのような姿勢で今後も関わっていくつもりだ。

column

社訓を毎月唱和。ただその中身については説明しない

美濃清商工では毎月、社訓を唱和して自社の存在意義を確認している。ただ、その中身について貴義氏が語ることはない。

社訓がいつからあったかについて、貴義氏は「わからない」と話すが、過去の経験から生まれているのは確かだという。ある時期は一つひとつ説明していたが、貴義氏自身が時代に合わないと感じるようになったこともある。また時代によっては、木の伐採や割り箸を使うことへの抗議運動が高まったこともあった。木材や林業に対する社会の評価が変わるたびに、貴義氏らは翻弄されてきた経緯がある。

だからこそ、社訓をどう読み取り、どのように感じるかは社員に任せている。

「私がこれこれ、こういう意味だと話すと自分で考えなくなりますから。時代の表層に流されず、社員が自分の頭で考えて行動する。そういう会社でありたいと思っています」

事業承継ファイル 3

近江商人の心が宿る300年企業の変革スタイル

引き継がれる「転進」文化

大塚産業マテリアル株式会社

豊臣秀吉の城下町として自由な商いが奨励され、古くから商工業が栄えた長浜（滋賀県長浜市）。その土地に本社を置き、自動車用内装品や靴・雑貨ラミネート品、リビング家具・事務用椅子カバーなどの繊維加工品を製造販売するのが、大塚産業マテリアル株式会社を中核とする大塚産業グループである。創業は江戸時代の１７０６（宝永３）年で、長浜の特産品である蚊帳の製造をルーツとする企業だ。

同社は長い歴史の中で、幾度も業態を変化させてきた。第２次世界大戦中は、繭から採った生糸で羊毛代替の防寒用軍服を生産。また、繊維を樹脂加工して戦闘機の操縦桿を製造するなど、軍需用品も手がけた。１９６０年代に蚊帳の需要が急減すると、蚊帳づくりで培った「織る・染める・縫製する」技術を生かし、クロス壁紙や自動車用

会社概要

社　名	大塚産業マテリアル株式会社
住　所	〒526-0021　滋賀県長浜市八幡中山町1
電話番号	0749-62-3251
URL	http://ohtsukasangyo.com/material/
設　立	1935年3月（1706（宝永3）年創業）
資本金	2,000万円
売上高	104億円（2018年3月期）
従業員数	127人（2018年12月）
事業内容	自動車用内装品の製造・販売、健康・介護器具部品の製造・販売、靴・雑貨ラミネート品の製造・販売、リビング家具・事務用椅子カバーの製造・販売

シートなどの分野に進出した。近年では、労働集約的な縫製作業に代わる工法として、不織布の立体成形による商品開発も行う。これらの業態変革を同社では「転進」と呼んでいる。

「重要なのは、まったく関係のないところから何かが生まれて、それが新商品や転進に結びついたわけではないことです。業務の中には必然性があって、その重要性を自覚してこそ、新しい発想や工夫は生まれるものです」

代表取締役会長の大塚敬一郎氏が話すように、アイデアをアイデアだけで終わらせない行動力こそが、同社が受け継いできた伝統なのである。

▶「転進」と呼ぶ業態変革は必然性があって行われてきた、と同社の足跡を説明する大塚敬一郎氏

▼分家、分社は存続のための知恵

経営指針は「売り手よし、買い手よし、世間よし」という近江商人の「三方よしの精神」である。敬一郎氏は続ける。

「この商道徳は、今で言う

CSR（企業の社会的責任）であり、公益資本主義と言うべきものです。そして、多様な価値観を理解し、社会の期待に応え、社会から必要とされる企業であり続けることが、当社の使命と考えています」

「転進」や「三方よしの精神」とともに、特筆に値するのが、歴史の中で分家や分社を繰り返してきたことである。敬一郎氏の曽祖父は婿養子だった一方で、曽祖母には男の兄弟がおり、その人が本家を継いだことで、大塚産業グループの祖先は分家としてスタートしたと敬一郎氏は父から聞いたという。真相は定かではないが、敬一郎氏は推測する。

「組織が肥大化し、そこに同族が集まると災いが起こりやすくなる。戦国時代がそうです。戦に敗れて滅ぶよりも、内部が崩壊して滅ぶ方が

▶ 近江商人の「三方よし」の精神の下で300年事業を続けてきた現在の社屋

多かったのです。親が生きているうちは、それが重石となって秩序が保たれていても、いなくなった途端に同族間で争いが始まる。そうなることを心配して、私たちの祖先は早めに手を打ったのだと思います」

その分家の考えを継いだのが、敬一郎氏の父で法人化後の3代目社長を務めた大塚誠次郎氏である。1987年に、それまでの大塚産業を大塚産業マテリアル、大塚産業クリエイツ、大塚産業インテリア、大塚産業ソーインの4社に分社。敬一郎氏を大塚産業マテリアルの社長に抜擢するとともに、敬一郎氏の兄弟と従兄弟を3社の社長に据えたのである。過去には大塚家に由来する企業が倒産した例もあり、リスク分散としても有効であることを確信しての判断であった。敬一郎氏は振り返る。

「私自身、社長を引き継いだ頃は、まだ先代による分社の意図を読み切れていたわけではありません。しかし、10年、20年と社長を続けるうちに、『企業にとって最も重要なのは永続性にある』と思うようになりました。そのためにどのような戦略を講じるかは、会社によって異なりますが、私たちの祖先が行った分家・分社も、理に適った手段でした」

▼騙されたと思って行ってこい

敬一郎氏は1947年生まれ。大学卒業後、貿易会社に4年間勤務してから大塚産業に入社した。40歳のときに社長に就任。以来、30年余り社長を続けてきたが、70歳を超えたのを機に2018年7月、自らは代表取締役会長に就任するとともに、長男である大塚誠嚴《もとよし》氏に社長をバトンタッチした。誠嚴氏は1974年生まれ。社長就任の年齢は敬一郎氏と4歳しか違わず、2人とも家業とは無関係の企業でサラリーマン生活を経験するなど共通点も多い。傍目からはきわめて順調な事業承継に見えるが、実はそうでもない。そもそも、誠嚴氏は入社する意思すらなかった。誠嚴氏は言う。

「私は中小企業には良いイメージがなかったのです。小学生の頃、クラスメート2人が突然、いなくなったことがありました。親が経営する会社の倒産に伴う、いわゆる『夜逃げ』でした。大学時代にも親の事業の失敗で、突然、人が変わったように元気を失ってしまった友人を見かけました。そういうことがトラウマになって、私が経営者になったら会社をつぶすに違いないと思ったのです」

大学では管理工学を学び、就職先の職種も自分で決めた。将来の目標を当時、将来の普及が期待されていた電子マネーに関する仕事に就くことに定め、ひたすら勉学に励んだ。その念願が叶い、ITソリューション会社として有名な日本総合研究所に就職し、システムエンジニアとして希望通りの仕事に従事したのである。

「私には弟もいますし、従兄弟もいます。ましてや、子どもの頃から父には一度も『将来は会社を継げ』と言われてこなかったので、会社勤めを続けるつもりでした」

ところが、社会人になって5年が過ぎたとき、突然、敬一郎氏から「戻ってこないか?」と連絡が入る。もちろん、即座に断った。それだけ、仕事にやりがいを感じていたからだ。しかし、そこは血のつながった親子。父が本気であることは誠嚴氏に十分伝わった。そして翌年、2回目の連絡が入る。前年と状況が違ったのは、誠嚴氏が密かに期待を寄せていたアメリカでのプロジェクト参画が叶わなかった直後だったことだ。

▶父と同様にサラリーマン経験があり、大手シンクタンクでシステムエンジニアのキャリアを磨いて家業を継いだ大塚誠嚴氏

「まるでタイミングを見計らったように、父から『アメリカで始めようとしている仕事があるが、やってみる気はないか?』と誘われたのです。しかも、『3回目はないぞ』と。今思えば、うまく釣られたわけです(笑)」

▼従業員の前では先代と口論しない

2003年に大塚産業マテリアルに入社すると、敬一郎氏に指示されたのはアメリカ行きではなく、中小企業大学校東京校の経営後継者研修の受講であった。

「『経営に必要な項目を学べる。将来、必ず役に立つから、騙されたと思って行ってこい』の一点張りなんです」

実は、敬一郎氏は同研修のOBで第1期生だった。自身の経験から「鉄は熱いうちに打て」の例えではないが、早い時点で誠嚴氏に体験させたかった。初めは本当に必要かと疑ったが、後に先代の配慮に感謝したと誠嚴氏は振り返る。キャッシュフロー経営の大切さや、戦略立案に欠かせないマイケル・ポーターの「競争戦略論」を学べるなど、予想以上の収穫が得られたという。中小企業大学校の受講前に「仕組みを学んで会社に役立てる」という思いも、現在は「社員が悩まない仕組みをつくるのが経営者の仕事」に変わった。

「根性論ではなく、頑張らない営業とでも言うのでしょうか。ちょうど今、そんな仕組みづくりを模索・実行している最中です」

中小企業大学校の研修を終えると、誠嚴氏はアメリカへと旅立った。当初予定していたビジネスとしてではなく、9カ月間の語学研修に形は変わったが、敬一郎氏は誠嚴氏と交わした約

▶ 人工皮革や不織布など原反の裁断工程。最新鋭のレーザー自動裁断機で生産性の高い加工が実現している

束をきちんと守ったことになる。その後、アメリカのビジネスは実現する。

「先代とは性格が違い、よくぶつかる」と語る誠嚴氏だが、特にお酒が入ると互いのボルテージが上がるそうだ。ただし、社員の前ではそんな姿を見せないようにしている。

「そうでないと、組織としての統一感がなくなるからです。また、同族会社の後継者の中には、先代を『父さん』とか『オヤジ』と呼ぶ人がいるでしょう。ああいうのも、おかしいと思います」

誠嚴氏はその後もさまざまな勉強会に出席したが、何と言っても最も参考になるのは、先代の行動であり言葉だという。「仕入れ先を、商品を買っていただく得意先と

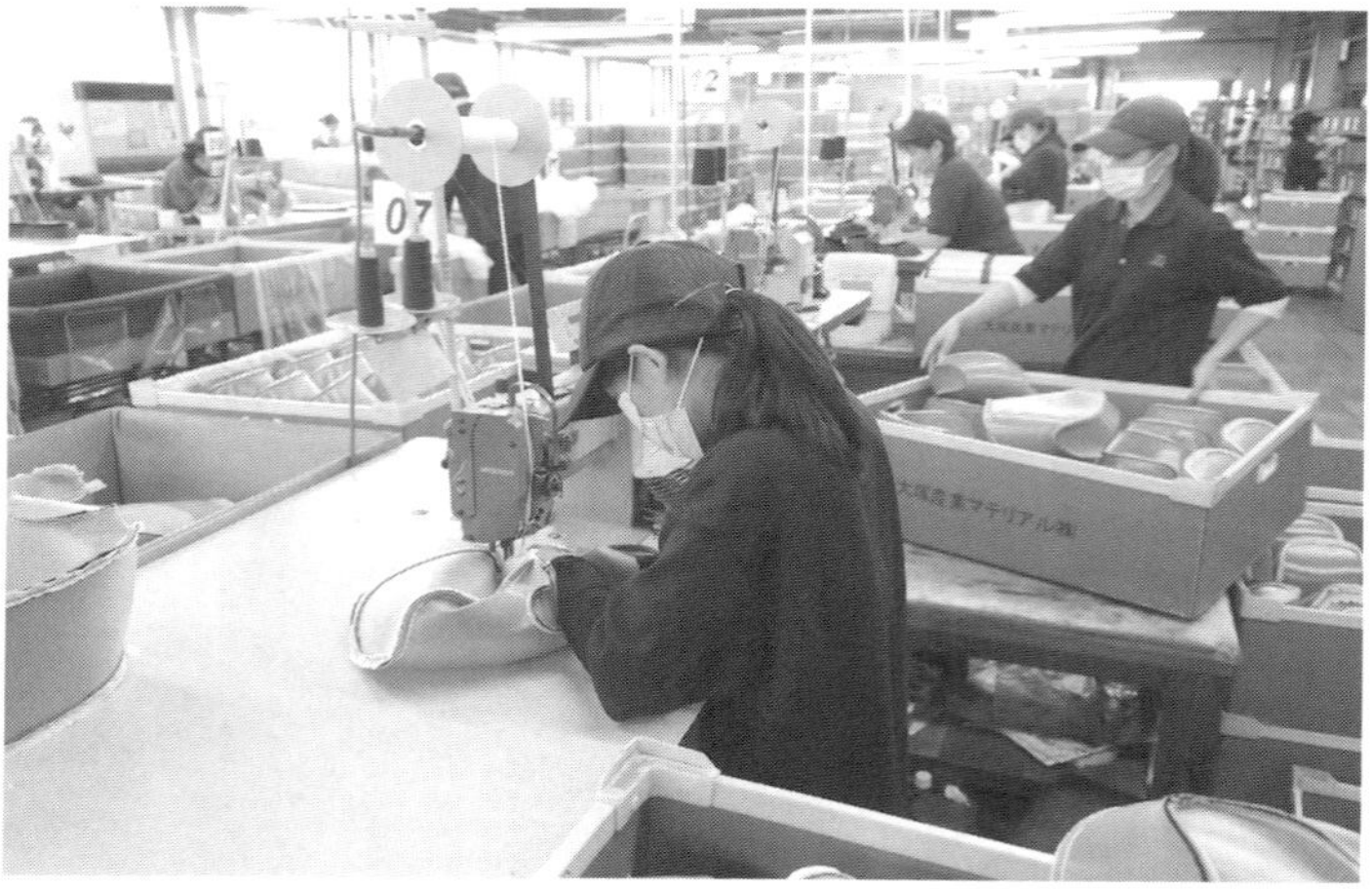

▶ 3次元形状で意匠性の高い製品が多く、複雑な縫製が要求される
自動化は難しいが付加価値の高い工程と言える

同じように大事にすること」「一品ずつの利益率をきちんと見ること」「人から話を聞くだけでなく、自分の目で確かめること」など、教わったことは山ほどある。

「本人を前にすると、恥ずかしくて言いにくいですが、私は経営者としての先代を尊敬しています。グループ採算性を導入して定着させたのも先代ですし、言っていることはほとんど正しいことばかりです」

ただし、誠嚴氏にはいまだに納得がいかないことがひとつだけある。なぜ先代はもっと早い段階で、「将来は会社を継げ」と言ってくれなかったのかである。

「阿吽の呼吸を大事にする先代の気持ちもわからなくはありませんが、前もってはっきり言ってもらえれば、心の持ち方も

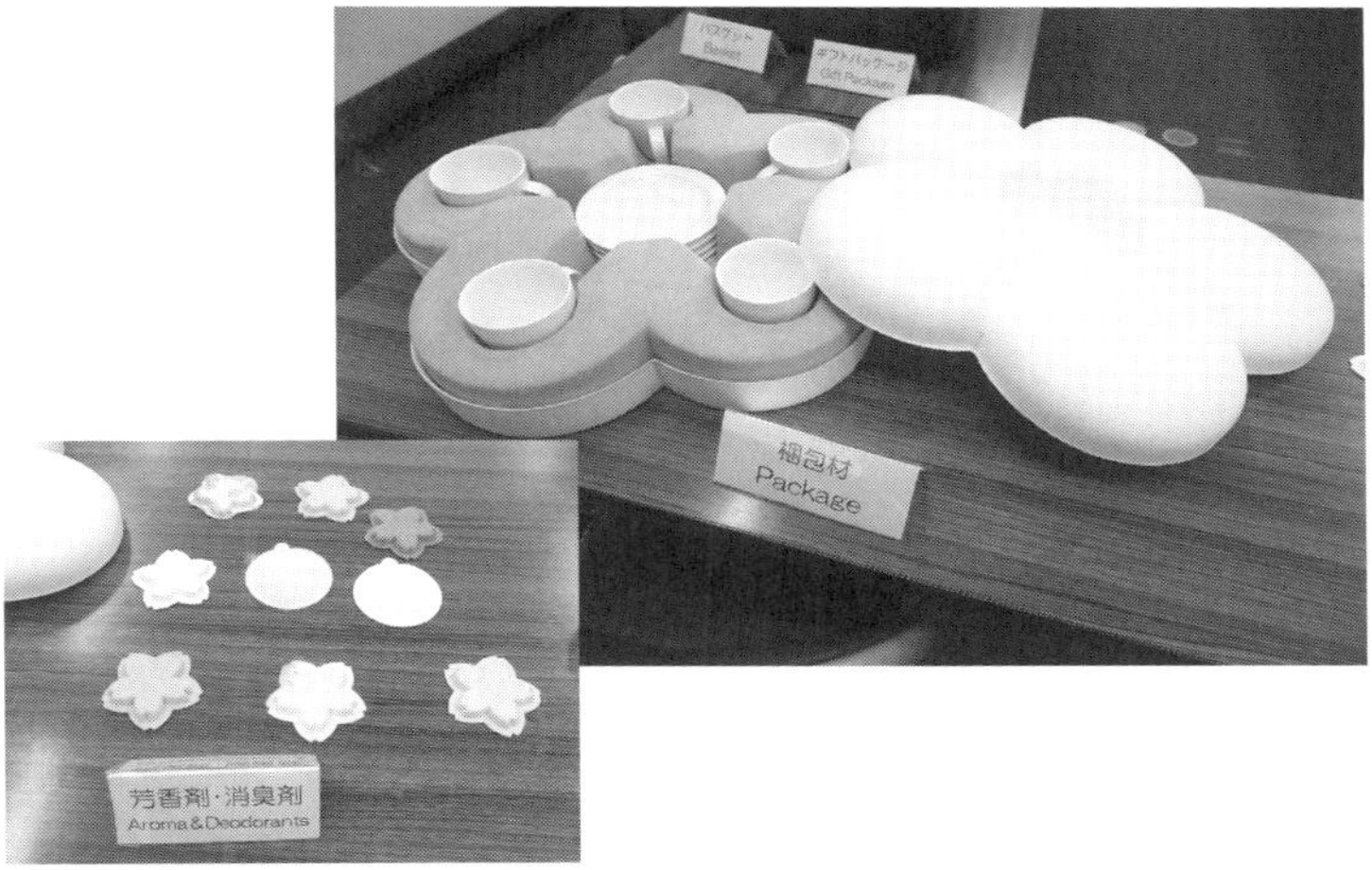

▶ 主力の自動車部品のほかにも、生活用品のパッケージなど商品多角化への取り組みにも注力する

違います。もっと準備ができたと思うからです。私がバトンを渡すときは、どこかの時点できちんと伝えるつもりです」

▼従業員満足度の向上と社会貢献を重視

誠巖氏の経営方針は、3代目の誠次郎氏、4代目の敬一郎氏と基本的に変わりはない。あえて言うならば、従業員満足度の向上と、社会貢献をより重視していることだ。中でも、従業員満足度に関しては特別の思いがある。

誠巖氏が入社2~3年目の頃、合宿で自らの所信表明をする機会があった。

「将来ビジョンとして『自分の息子や娘を入れたい会社にしたい』と話すと、傍ら

▶ 規模の拡大よりも利益率を重視し、付加価値の高い事業開発に邁進。従業員満足度を永続的に高めたいとする誠嚴氏を、敬一郎氏も支えていくつもりだ

で聴いていたある従業員が『俺は、絶対に子どもたちは入れたくない』と漏らしたのです。おそらく、当時では正直な反応だったと思いますが、それを聞いたショックは大きく、『絶対に何とかしてやる』と誓いました」

ところが、つい最近のことである。

「十数年前の私の所信表明のとき、反対意見を言った張本人が『できれば、自分の娘をこの会社に入れたい』と、当時とは正反対のことを言ったのです。本人は過去の自分の発言など、忘れていたに違いありませんが、その言葉を聞いて嬉しく思うとともに、『みんなで力を合わせて、もっと良くしていきたい』と思ったものです」

従業員満足度の向上は、言うのは簡単だが、行動で示すのは意外と難しい。誠嚴氏

沿革

1706年　長浜で創業し、麻蚊帳の生産開始
1935年　大塚蚊帳株式会社として法人化
1940年　羊毛代用の繭短繊維を開発
1955年　国内で初めて布壁紙の大量生産技術を開発
1963年　ポリエチレンフィルムヤーン織物を開発、トヨタの指定商品となる
1966年　トヨタをはじめ自動車メーカー向けにシートカバーの生産開始
1978年　住宅用壁紙を施工とともに納入開始
1987年　4社に分社化し大塚産業グループを形成
2002年　中国浙江省に合弁会社設立、海外進出を開始
2017年　ベトナム・ハノイ近郊（ハナム省）に工場建設

は、2人の息子が通う小学校のPTAの役員になり、バザーを開いたときのひと幕を語る。

「模擬店で綿あめを売っていたら、飛ぶように売れるのです。その光景を見て、あめをつくる人に『ドンドンつくって、ドンドン売りましょう！』と声をかけると、『もう疲れたから、これ以上はつくりたくない』って言うのです。『社員の視点に立つと、そういうことになるのか』とつくづく感じたものです」

同社は、売上や規模の拡大よりも、利益率を重視し永続性のある経営を目指す。目下の目標は経常利益率を10％以上にすることだ。そのためには採算性の低い事業に見切りをつける一方、付加価値の高い商品開発を継続的に行うなど、社長の手腕が問われる。先人たちが行ってきた「転進」を実現したいと誠嚴氏は願っている。

column

改善提案が増えると利益が上がる

大塚産業マテリアルは、改善提案活動が盛んなことでも知られる。取引先のトヨタの改善活動に倣い、1970年代に始めたものだが、活動が本格化したのは2003年以降のことである。

提案数は、以前は多い年で200件超、少ない年では100件に満たなかったが、提案者に義務づけていた細かなルールを撤廃し、「何でもよし」としてから、年間10,000件近い提案が集まるようになった。それでも提案件数は年によってバラツキがある。興味深いのは、年ごとの提案件数と売上高、経常利益率の相関関係。売上高にかかわらず、提案件数が多い年ほど経常利益率が上昇している点だ。

「改善提案制度の良いところは、社員一人ひとりが自分の仕事を見直し、工夫するきっかけになることです。考えることによって仕事の中のムダは消え、生産性が高まるのです」と敬一郎氏は分析する。提案内容はさまざまだが、収支改善のバロメーターとなるだけに件数を伸ばすことは重要だ。ただし、あくまでも自主性を尊重し、決して強要はしない。「義務感だけでは進歩は得られないからです」と敬一郎氏は語っている。

社是実現のために任せて育て、信頼を広げる

社員の成長に合わせせない事業経営は失敗する

菱信工業株式会社

池上裕介氏は２０１１年、30歳で空調・冷凍機メンテナンスを主力とする菱信工業株式会社の４代目社長に就任した。28歳で専務として同社に入社してわずか2年後のことだ。父であり、２代目社長を務めた現会長の池上武博氏が、「経営は、いくら口で言っても自分で経験しないとわからない。失敗するなら若い方がいい」との思いで起用した。

菱信工業は、裕介氏の祖父、池上武信氏が１９４６年に創業した設備据付、設計施工会社の池上鉄工所（宮崎県延岡市）がルーツである。１９５６年に名古屋市中村区に池上鉄工所の名古屋出張所が設置され、１９６７年に新会社として独立。１９７３年に、社名を現在の菱信工業に改めた。その後、三菱重工業の信頼を得て、事業の主力を設備据付からメンテナンスに移した。

会社概要

社　名	菱信工業株式会社
住　所	〒452-0837　名古屋市西区十方町10
電話番号	052-509-5100
ＵＲＬ	http://www.ryoshin-ind.co.jp/
設　立	1967年3月（1956年創業）
資本金	2,500万円
売上高	21億円（2018年9月期）
従業員数	101人（2018年11月）
事業内容	事業内容　冷凍空調機、産業用設備、給排水衛生設備の保守、設計施工

武博氏は、若く経験も乏しい裕介氏に菱信工業を任せることについて、自分自身の体験による確信があった。武博氏は、設備設計・施工を主力とするグループの中核会社、池上鉄工所（宮崎県延岡市）の経営を、創業者である父の武信氏から１９７６年、28歳のときに引き継いだ。

当時の池上鉄工所は頑固な職人気質の社員ばかりで、「お手並み拝見」と揶揄される中、〝若造〟の話など最初は聞いてもらえなかった。それでも常に率先して前向きに行動することを心がけ、少しずつ社員の信頼を集めていく。療養中にあった先代が、信頼して任せてくれたことで成長できたと述懐している

▶若い時分から任せて鍛える系譜に感謝する池上裕介氏

２００５年に武博氏から菱信工業の３代目社長を継いだ現相談役の富田義信氏も、〝任されて育てられた〟一人だ。奇しくも同じ28歳のときに、創業者の指示でグループの新規事業とな

る精密プレス加工を営む工場を宮崎県佐土原町で立ち上げ、軌道に乗せた。裕介氏はこう評す。

「初代も2代目も人徳があり、いったん任せると口出しはしません。任された本人は責任も大きいですけれども、そうやって若いときから鍛えてもらった系譜があるんです」

▼社是を実現するための会社

子どもの頃から、父親にも母親にも「継いでほしい」と言われたことはない。でも、いずれは自分が継ぐのだろうと漠然と思っていた。

裕介氏は高校、大学とラクビーに熱中し、勉強をしなかった。就職活動は面倒で、父親に相談すると、ある空調機器メーカーの販売

▶2005年12月に、現在の名古屋市西区に本社屋を移転した

子会社を勧められた。その会社で空調機器のルートセールスを3年間経験した。空調機の選定や現場調査も手がけ、設備メンテナンスの基本を学んだ。

その後は、「3年から5年ぐらいは社会勉強をしなさい。好きなことをしていい」という父の言葉により、裕介氏は、好きだった高級ブランドの靴販売店に転職する。2年間、丸の内の店舗で紳士靴を販売した。休日には他の靴販売店を回り、販売ノウハウや靴に関するさまざまな知識を独学で身につける熱心さもあり、入社半年後には販売成績がトップになった。

その後、父の勧めに従い、中小企業大学校東京校の経営後継者研修を受講した。裕介氏は当時を思い起こす。

「経営学部を卒業しましたが、勉強はほとんどしませんでした。中小企業大学校で経営学を初めて学んだようなものです。本を読むだけでも知識は得られますが、自社を教材に体系的に学べたのが良かった。何よりも同じような立場の仲間と、一緒に勉強できたことが励みになりました」

研修を終え、裕介氏は2009年9月、28歳で菱信工業に専務として入社した。池上家がオーナーで、長年父が社長を務めたとは言え、宮崎県延岡市で育った裕介氏にとって菱信工業は正直あまりなじみのない存在だった。そこで3カ月ほどかけて拠点を回り、社員や顧客と直に話をし、現状把握に努めることから始めた。

メンテナンス業務は、設備メーカーとの信頼関係が重要である。特に定期的なメンテナンスが必要な大型設備では仕事が安定してあり、同業他社との価格競争にはなりにくい。メーカーと違って工場への大きな設備投資も不要だ。裕介氏は、「安定した会社」という第一印象を得た。

一方で、課題も見えてきた。まず社員の誰もが社是を知らない。経営方針も、毎年の経営目標も社長方針も、社員に浸透してはいなかった。また、設備メンテナンスは成熟市場であるのに、社員が新しいことに対して積極的に行動できないことも問題だと感じた。しかも、現場で仕事ができる人や目立つ人が、何の管理職教育も受けずに管理職に登用され、若い人を適正に指導できていなかった。人事考課制度はあったものの、評価内容を本人にフィードバックしていないなど形骸化していた。

そこで、役員会を主導した。気づいたことはすぐに発言し、改善を提案した。父は月に1回、宮崎県延岡市から名古屋市西区の本社に来て取締役会に出席はしたが、口は出さなかった。

最初に改めたのが、社是や経営目標の扱いである。創業者が定めた社是は、「わが社は、みんなの力で発展する　誠実・積極・前進　よい会社をつくり、共に栄えよう」。家族的な組織、日本的な経営を大事にしようという祖父の意思を示したものだ。社是をはじめとする経営理念の大切さは、経営後継者研修でも最初に学び、自分なりに経営理念を深く考えて自身を動

▶設備メンテナンスの実作業。設備メーカーとの信頼関係が欠かせない

機づけしていた。

「社是を実現するために、会社を経営するというビジョンを明確にしたのです。社是実現のための方針があり、経営目標がある。社是から方針、目標まで一貫性を持たせ、それに合わせて人事制度や組織も見直しました」

人事制度では、あいまいで形骸化していた人事考課を適正に運用し、個々人の課題も伝えるようにした。さらに、管理職に向けた教育制度も導入。会社組織は地域別から機能別に変更し、営業部門や技術部門を強化した。

一方で、裕介氏は入社後すぐに菱信工業の経営を担い、自分には知らないことがたくさんあることにも気づかされた。

「医者が家業を継ぐのとは違い、社長業には実力を示す資格制度がありません。このまま30歳ぐらいで社長になるのが不安でした」

そこで目指したのが、名古屋の社会人大学で経営大学院修士号（ＭＢＡ）を取得することである。土日にはフルで授業があり、平日の夜にも専門書を読み込むなど準備が不可欠な社会人向けのハードなコースだ。苦労の日々を裕介氏は振り返る。

「スキルも意識も相当高くないと通えません。子どもがいる今だったら絶対に無理でした。中小企業大学校で基礎知識を身につけていなければ、修了できなかったと思います」

▼思わぬ反発

裕介氏は、会社のいろいろな改革を独断で進めたつもりはなかった。いずれも会議で提案し、意見を聞いて合意を得ながら「民主的に」に進めたはずだった。裕介氏のバックボーンには中小企業大学校や経営大学院で学んだ体系的な経営論があり、自信があった。

「しかし今振り返ると、前向きな議論にはなりませんでした。社歴も信頼関係もない若い自分が、いきなり会議で経営論の話をする一方で、管理職たちには経営学の知識がない。制度というハード面は反対もなく変わりましたが、人というソフト面は変わらなかったんです」

その結果、変わろうとする会社に不満を持つ社員が管理職、若手社員を問わず現れた。社員

▶整然としたオフィスに「みんなの力で発展しよう」との姿勢が表れている

約100人の会社で、当初の2年間に約2割の社員が退職した。残った社員に仕事の負荷が増える悪循環にもなり、その後も依願退職はしばらく続いた。

「継いだ以上は、会社を良くしないといけないという思いでした。でも、社員が100人になると、社員一人ひとりと向き合うのは難しい。社長として『自分は必要ないのでは？』とまで思うようになった」

自信を失いかけた裕介氏は、尊敬していた経営後継者研修OB会の先輩に悩みを打ち明けた。その先輩は裕介氏にああしろ、こうしろとは一切言わなかった。ただ、「自分は、たとえ社員が1000人になっても、どこまでも社員一人ひとりと向き合いたいと思っているよ」という先輩の言葉が今も裕介氏の心

▶ 信頼を高めれば仕事はついてくると語る池上裕介氏

▶ 裕介氏の父で２代目社長の池上武博氏

に残っている。

「どんなに配慮しても、辞める人はいたかもしれません。でも、真意が伝わらずに辞めた人も、きっといたはずです。もうちょっと配慮できれば、少しはうまく導けた人がいたかもしれないと思うと、自分が甘かったと反省しています」

▼急がず人を育てる

以来、目指す経営は当初と同じだが、進め方は変わった。

「最初は、社員の気持ちを考えずに進めようとしました。今はバランスを取りながら進めています。前のめりに組織改革をするよりも、やる気になったらやってもらう。火がつくのを促し、無理には

▶ さまざまな社員教育を導入し、顧客対応力に磨きをかける

進めないように心がけています」

幸い同社は実質の借金もなく、財務状態は良い。製造業と異なり、工場への投資も必要ない。一方で仕事のエリアや業域を広げるカギは、設備メーカーや顧客からの信頼にある。そのためには、人の採用や教育への投資が必要だ。中小企業大学校には、役員になる前の社員を管理者研修に行かせるようになった。そして、自身の代わりに会合に参加させている。

「オーナー企業であり、私以外の社員が経営者の視点を持てていませんでした。私が何か言っても表だって反対はしませんが、それでは困ります。自分で意思決定ができる役員を育てたい。私以外の経営者に会って、リアルな情報を得てきてほしいの

▶ 技能五輪全国大会の競技の様子。2019年は地元開催で、入賞を目指して力が入る

です」

以前は欠員補充が中心だったが、団塊世代の退職もあり、定期採用も始めた。地元の高校とは、技術指導などで結びつきを強めている。

そんな中で取り組み始めたのが、技能五輪全国大会への挑戦である。2016年には、同社の技術者が指導した名古屋市立工芸高校の生徒が「冷凍空調技術部門」に出場した。そして、選手の1人である女子生徒が2018年に入社してきた。2015年から同部門に、同社の若手社員も毎年出場している。

「技能の向上が狙いです。正直大変だと思いますが、日頃の仕事と両立し

沿革

1946年	池上武信氏が個人営業で池上グループの母体となる池上鉄工所を創業
1956年	池上鉄工所が名古屋出張所（後の菱信工業）を名古屋市中村に設置
1967年	大分市に池上温調（後の池上冷熱）を設立
1973年	社名を菱信工業に変更
1987年	池上武博氏が代表取締役社長に就任
1990年	売上高50億円を達成
1996年	携帯電話販売代理業務を行う株式会社アイティー設立
2005年	名古屋市西区に新本社社屋を完成し移転。富田義信氏が代表取締役社長に就任
2011年	池上裕介氏が代表取締役社長に就任
2014年	三菱重工業より品質向上活動の推進で優秀賞を受賞

て出場することに意義があります。２０１９年の愛知大会では入賞を目指します」

裕介氏は営業エリアや事業領域の拡大には胸に秘めた意欲がある。ただ、無理はしない。

「新しいことはチャンスがあればやりたいし、パートナーは常に探しています。体制を整えながら、人を増やし教育をして、業務改善しながらやっていきます。社員の成長に合わせない事業経営は失敗します。初代も２代目も『この仕事をやってくれないか？』と言われて新事業に進出してきました。信頼を高めて仕事を増やす姿勢は変えません」

裕介氏はいずれ、池上グループ全体の経営も承継しなければならない。自分なりの試行錯誤を経て、「任せて育てる」という同社の経営手法を引き継ぎ、実践していくつもりだ。

column

自覚が芽生えるまで「せっつくな」

池上裕介氏の社長就任は30歳だが、実際は菱信工業の経営を、入社した28歳のとき専務として継いだ。当時の社長で現会長の父武博氏は、当初こそ毎月の取締役会には出席したが、発言はしなかった。ただ、伝えたのは宮崎県の言葉で「急ぐな」という意味の「せっつくな」。武博氏のその覚悟に驚く。

武博氏は、「会社を継げとは言ったことはない。自分から『よし継ぐ』と思わせないといけない」とも言う。裕介氏は青年期に父に「5年ぐらいは好きにしていい」と言われ、逆に経営者となる自覚を固めていった。

武博氏は、裕介氏が少年の時分からあれこれと求めることはなかった。「気をつけたのは贅沢をさせないことだけ」だったそうだ。新しいものは買い与えず、周りからのお下がりを身につけさせた。

唯一「やらせた」のはスポーツで、裕介氏はラクビーに熱中し、高校時代は全国大会を目指し、大学でも打ち込んだ。「任せて育てる」経営の承継は幼少時から始まっていた。

事業承継は「超友好的な乗っ取り」と受け止めるべし

自ら襲名する覚悟がなければ成功しない

新舘建設株式会社

1952年創業、1958年会社設立と60年以上の歴史を持つ新舘建設株式会社だが、現在、代表取締役社長を務める新舘豊浩氏は、まだ30代になったばかりの若手だ。公共・民間工事ともに多数手がける会社のトップとしては異例で、なぜ、このような承継が行われたのか。話は創業者である新舘豊氏の時代に遡る。豊浩氏はこう語る。

「私の祖父は止水処理に強い水道工事のエキスパートとして、数々の難工事を成功させてきました。その腕を評価した水道局長に頼まれ、二子玉川の水道管破裂を補修したことをきっかけに、世田谷区で事業を始めることになったのです」

▼順調に事業を拡大する地域の名士

やがて、高度成長により需要が拡大していた電力線や電話線の敷設工事も手がけるようになり、

会社概要

社　　名	新舘建設株式会社
住　　所	〒157-0077　東京都世田谷区鎌田2-12-13
電話番号	03-3700-5511
U R L	http://niidate.co.jp/
設　　立	1958年9月
資 本 金	9,500万円
売 上 高	22億円（2018年7月期）
従業員数	100人（2017年4月）
事業内容	土木・地中線・電気・汚染土壌・設備・通信・上下水道・舗装・リフォーム・解体・地下貯水槽など各種工事業と、産業廃棄物の収集運搬・保管積替業、不動産業

会社は上昇気流に乗っていく。そこには、創業者の人柄も大きく影響していたという。

「祖父は政財界から業界の有力者まで多くの知己を持ち、その関係もあってさまざまな要職を務める名士でした。とにかくパワフルな人物であり、その勢いで会社を引っ張っていったそうです」

そんな名物経営者も、1994年、70歳になったのを機に社長の座を長男に譲る。しかし、この最初の承継はうまくいかず、その後、会社の経営状況は徐々に悪化していった。そして、ついには倒産寸前にまで追い込まれ、責任を取って2代目社長は退く。その結果、2004年から経営を引き継ぐことになったのが、2代目の弟だった新舘和豊氏である。

「それが私の父です。3代目になった父でしたが、経営者としては非常に優秀

▶祖父が興した公共工事・民間工事を手がける会社の5代目社長を務める新舘豊浩氏。学生時代からアルバイトなどで関わってきたが当初、後継の意志はなかった

で、わずかな期間で業績をV字回復させました」

絶対的なリーダーとして君臨してきた創業者と異なり、和豊氏は調整役や繊細な気配りに徹するタイプだったという。人柄の良さもあり、顧客の協力会会長を務めつつ現場の作業員たちの声にできるだけ耳を傾け、みんなが働きやすい職場環境を整えていった。

その結果、顧客や協力会からの評判は一気に上がった。また、社員のモチベーション向上に努めるべく、自ら風通しの良い組織にすることでさらに外部からの評価は高まり、売上は伸びていった。

▼父の急死で不透明になる未来

紆余曲折はあったものの、新社長の手腕により会社は危機を脱する。周囲が「このまま第二の成長を迎えるのでは……」と期待する中、突然の不幸が訪れた。在任わずか10年で、和豊氏は急逝するのである。

「私がまだ27歳のときのことでした。考えもしなかった事態に、誰もが混乱しました。そうした中で、祖父は、経理部長を20代から続けていた母を社長に据えることを決め、経営の安定を図ったのです」

急遽、4代目社長になった新舘智子氏はもともと同社の社員で、高校を卒業して入社以来、

▶創業の地には現在マンションが建ち、その1階部分の一部に本社を構える

創業者が手をかけて育ててきた間柄にあった。このため信頼は厚く、最善の人事だったと言っていい。

「ところが、2人の間には経営方針の違いなどがあり、我の強い祖父だっただけに、その後はぶつかることが多くなったのです」

当時は従兄が社内におり、人事部長を務めていた。すべての部署を経験したとは言え、現場作業のみの経験しかない自分が本当に後継者として相応しいのか。豊浩氏は、自身が受け身思考の人間であったことから、「自分が会社を辞めた方が邪魔にならない」とまで思っていたと笑う。それでも「家業」という意識はあり、会社とは密接な関係が続いた。

「大学時代から、工事の作業員や警備員をアルバイトで夏冬の休みで経験していまし

▶ 高度成長の頃に会社を上昇気流に乗せた配電工事。最近でも堅調な需要がある

た。現場では監督に怒鳴られながら作業をすることも多く、創業者一族だからといって特別視されたり、遠慮されたりすることはなかったです」

そんな経験をしてきても、まだ後継者に決まっていたわけではなかった。一族の中には他にも社長候補がおり、社内も揺れていたからだ。豊浩氏は積極的に前に出るのが好きではなく、後継者になるための行動を起こす気もなかったという。

▼承継を決意させた講師からの言葉

そのような状況下で当時は取締役常務の佐々木宏氏から、社内に経営を教えら

▶2017年に社長を継いだばかりの豊浩氏にとって、番頭役である取締役副社長の村上修氏（写真右）の存在は心強い

れる人材がいないため、豊浩氏を中小企業大学校東京校の経営後継者研修を受講させる案が浮上した。母と古参社員の副社長、常務が相談し、事前に耳に入れていた祖父からも賛成が得られたことで受講が決まる。

「経営陣は焦っていたのでしょう。本来なら父が長く社長を務め、その間に、私に経営のイロハを教えるはずだったのに、その機会が失われてしまったのですから……」

母からの希望もあり中小企業大学校の受講を承諾するが、初めはあまり乗り気ではなかった。当時、すでに結婚していた豊浩氏には、生まれたばかりの長男がいた。中小企業大学校の受講中は、寮生活をする方が学びになることが多いと言われたが、家庭を離れるのは嫌だったという。

「それでも妻に『ここが勝負どころだから……』と尻を叩かれ、寮生活に向かいました」

さらに講義がない週末には、祖父から後継者として認められるために経営の方針を伝え続け、研修が続いた10カ月間の平日は勉学に打ち込む毎日だった。

「大変でしたが、そうやって知識を蓄えていくうちに、少しずつ経営者としての意識と基礎が身につき、承継への意欲が生まれてきたのです」

そうなったきっかけのひとつは、ある講師から伝えられた言葉だった。

「会社の承継とは相続ではなく、『超友好的な乗っ取り』だと教えられたのです。つまり、相続のように〝棚からぼた餅〟で社長の座を受け取るだけではダメで、自ら乗っ取るM＆Aをするくらいの気持ちがなければ成功しないという教えでした」

それまでにあった甘えは消え、以降はますます熱心に勉強をするようになる。まさに、人生を変えたひと言になった。

２０１６年８月、修了して同社に復帰してまず行ったのは、顧問税理士と顧問社労士から相当の時間を費やして現状を把握することだった。また、中小企業大学校在籍時の担任講師が幹部を務めるアカデミーで、さらなる学び直しに励んだ。

▶管理部門の生産性向上にも着手

▶本社前で工事施工の最終確認を行う豊浩氏

社長として最初の仕事は大胆な組織改革

2017年10月、重大な決意とともに新社長に就任した豊浩氏は、すぐ組織改革に着手する。

「60年以上の歴史を持つ会社でありながら、さまざまな経営危機により、その場しのぎの対応しかできなかった結果、組織構造がかなりゆがんでいたのです」

たとえば、総務や人事を1人に任せて管理部門が弱体化していた一方で、1つの部署に部長が3人も携わるなど、普通の会社では考えられないような状態だった。組織図を見るとすべての部署がつながり、まるで、あみだくじのような組織図だった。

そこで、組織図を明確化して上司の存在をわかりやすくし、部下の責任を上司がとることを徹底した。また、管理部門の強化のため総務と人事の適任者を抜擢し、もともとの所属部署には一般事務職を採用。1部署につき1部長という再編成も行った。

「再編を発表した際の反発は、すさまじいものがありました。しかし、この方がすっきりしていてわかりやすいですし、今後の戦略も明確です。また、従来の組織では動きづらいと感じていた他部門および課長以下の社員からは、賛同の声が少なくありませんでした」

再編を進めるに当たり、「若い新社長が独断でやった」と思われないように一人ひとりと時間をかけ、理解してくれるまで話し合い、微調整しながら賛同者を増やしていった。豊浩氏の復帰時に、反発して離職まで考えたという工事部門のエースで40代の社員をはじめ、若手メンバーの意識を変えつつ、そんな若手を中心に社内改革チームも発足させ、自分たちが会社を変えていくという意識を持たせるように仕向けたのである。その結果、ほとんどの社員が前向きに働くように変化を見せた。

▼社内事業の見直しと新しい柱で成長を目指す

社長就任後、半年ほどして創業者の祖父が享年95歳で亡くなった。まだ若い豊浩氏には重責だったが、堂々と葬儀委員長を務め、後継者であることを強くアピールする。

▶関連法が施行された2003年以降、徐々にウェイトが高まっているのが土壌汚染除去工事。収益の柱に期待している（土壌汚染調査の様子）

「祖父は、私が会社を承継したことで安心してくれたようですが、その後、急激にさまざまな改革や運用を進めたことに、複雑な思いがあったようです。ときどき、『豊浩にだまされたのかもしれない』などと愚痴を言われることもありました（笑）」

ただし、改革を恐れる人ではなかったので、その言葉は、むしろ承継への正しい評価だと受け止めている。幸い受注は伸び、業績は順調に拡大している。それに伴い、社員の新規採用も積極的に行うようになった。

「1年間はハローワーク経由で求人をかけ、自社の良さがひと目で伝わるように募集要項の表現を工夫しまし

▶事業領域を新しい力とともに切り拓きたいと語る豊浩氏は、新しい人材採用にも意欲的だ

た。従来は求人誌による募集が主で、前任の人事部長の時代はレスポンスも正直少なかったです。そこで、中小企業大学校OBの知人に教えを乞い、専門講座を聴講して募集の告知方法を学びました。その結果、徐々に応募は増え、採用増と社員平均年齢の若返りが実現しました。ハローワークの活用効果を疑問視する会社もあるようですが、告知次第で結果は変わるように思います。求人誌やアプリなどのメディアも同様で、今後はさらに告知方法を工夫してメディアを活用する予定です」

これと並行して、次の成長に向けての戦略も進め始めている。特に力を入れているのが、土壌汚染除去工事・解体工事の拡大だ。２００３年に施行された土壌汚染対策法により、再開発される土地では調査と浄化が義務づけられた。同社は早くからこの分野のノウハウを蓄積し、最近では廃業したガソリンスタンドの土地の整備や解体工事など多くの受注があるという。

沿革

1952年	有限会社新舘工業所（電設土木工事）設立
1965年	新舘豊氏代表取締役就任
1972年	新舘建設株式会社に商号変更
1983年	官公庁工事部門設立、電設部門設立
1987年	民間土木部門設立
1994年	新舘豊氏会長就任、新舘美豊氏取締役社長に就任
2000年	環境部門設立
2004年	新舘和豊氏取締役社長に就任
2013年	新舘智子氏代表取締役社長に就任
2017年	新舘豊浩氏代表取締役社長に就任

また環境関連では、雨水貯留浸透事業にも期待している。

「特定都市河川浸水被害対策法により、雨水の有効利用が求められています。私たちは雨水を地下に貯留して有効に活用する地下貯水工法を得意としており、この分野でも積極的な営業を行っていくつもりです」

水道工事から始まり、電力工事、都市土木工事と事業を広げてきた同社は、若い新社長の時代になり、さらなる発展を遂げようとしている。

「現在の従業員数は約100人ですが、最盛期には300人ほどが在籍していました。今の目標はこの数字を超えることです」

中小企業大学校で教えられたのは、経営理論に基づく正しい戦略を実践することだ。それを守っている限り、夢は必ず実現すると信じている。

column

加えられる「社是」が示す承継の理想

新館建設の社是は、「人は寶　関係者に感謝し、関係者の人生が繁栄することを祈念し、謙虚な姿勢で支援する。自分よりも立場の弱い相手には愛情を持って接する」であり、これは創業者である新館豊氏の言葉だ。

豊氏は、91歳のときに出版した自伝のタイトルが『受けた恩は石に刻み与えた恩は砂にかけ』であることでもわかるように、常に他人への感謝を大切にしてきた。会社理念には和豊氏の言葉が加えられた。そして現在、豊浩氏の言葉が加えられた。それぞれの経営への思いが強く感じられるのは、会社の承継がどうあるべきか知る意味では価値があると思う。

「高技術　高品質　自立共生　甘ったれている者と自立をしている者は最後は歯車が噛み合わない」（3代目代表取締役社長　新館和豊）

「誇りが持てて、働きやすい環境にする事で関係者への貢献を探求する事が出来る」（5代目代表取締役社長　新館豊浩）

事業承継ファイル 6

社会に不可欠な廃棄物ビジネスのイメージ向上に奮闘

決して遠回りではない愚直な承継

千葉企業株式会社

東京都東村山市を拠点に、東京23区と多摩地区の広いエリアで事業系一般廃棄物および産業廃棄物の収集・運搬・処理を手がけている千葉企業株式会社では、ここ数年、積極的な経営改革を進めている。最も大きかったのは、２０１６年４月に本稼働させた廻田工場である。それまで他社の処理場まで運んでいた産業廃棄物の多くを自社で中間処理できるようになり、運送と処分コストの大幅な削減が可能になった。さらに、選別・加工処理による再資源化ができるようになったことで、売却益まで得られるようになった。

そんな同社を率いるのは、２０１７年に代表取締役社長に就任した千葉久典氏。創業者から数えて３代目に当たるが、他の多くの企業と同様、「世代交代」は決してスムーズに行われたわけではない。そこには、さまざまなドラマがあった。

会社概要

社　名	千葉企業株式会社
住　所	〒189-0025　東京都東村山市廻田町1-2-17
電話番号	042-306-2183
U R L	http://www.chibakigyo.co.jp/
設　立	1974年12月
資本金	2,000万円
売上高	4億5,000万円（2018年3月期）
従業員数	43人（2018年3月）
事業内容	一般廃棄物収集運搬業、産業廃棄物収集運搬業、産業廃棄物処分業、再生資源取扱業務

▼配送のノウハウを活かして廃棄物運搬事業へ

同社の前身である千葉商店が誕生したのは1965年のことだ。創業者は久典氏の母方の祖父で、当時、東村山に多く存在した官舎住宅の暖房用燃料として需要が多かった石炭の販売を始めた。その後、時流を読んで石油も扱うようになると、そのことが次のビジネスにつながるチャンスを生んだ。

「燃料の販売をする中で、ある取引先から府中市での倉庫の管理をお願いされたことで、運送会社としてのノウハウを蓄積できたのです。やがて、その配送ネットワークを活かして廃棄物の収集運搬業務を始めるようになり、事業は一気に拡大しました」

家庭（一般）でも事業所

▶燃料の販売から廃棄物の収集運搬に転じた祖父の事業を引き継ぐ千葉久典氏。一歩ずつ信頼と信用を築くことの重要性を説く

（産業）でも、そこで活動が営まれる限り、ごみは出る。したがって、「収集・運搬・処理」というサイクルが必要になるが、対応はどうしても後手に回りがちだ。特に行政が扱わない産業用廃棄物については、民間の処理会社を頼るしか方法はない。しかし、〝3K〟と称されるような大変な仕事だけに、業者が積極的に参入してくるような業界ではなかった。

「ごみの運搬をやってくれないかという話が来たとき、祖父は迷ったようです。しかし、大手の取引先だったため断れず、最終的には取り組む決意をしました」

1974年に、正式に法人を設立して今の社名となり、本格的に廃棄物ビジネスへ乗り出していった。当時は高度成長期を迎えたこともあり、事業は順調に伸びていく。しかし、そのことが徐々に会社運営上の足かせになっていった。

▼会社としての管理能力が問われた

「祖父は昔気質の商売人でしたから、会社組織になっても経営者という意識は薄く、自宅に居たままドライバーたちに指示を出して、事務所も車庫もなく何とかやりくりしているような状況でした。しかし、廃棄物ビジネスにも徹底した管理が求められるようになってくると、そんな旧態依然としたやり方は通用しなくなっていくのです」

会社が大きく変わるきっかけのひとつが、1991年の廃棄物処理法改正だった。当時は届

▶ 産業廃棄物中間処理施設に認定されている千葉企業本社・廻田工場

出のみで行えた廃棄物の収集運搬が、都道府県が許可する形式に変わり、祖父が許可の更新を申請したところ審査に落ちてしまう。そこで急遽、役員に名を連ねていた、久典氏の母で、後に社長となる千葉一枝氏が代理で審査に臨み、無事に交付されて家業に入ることとなった。

当時、一枝氏に家業を継ぐ意思はなかったが、わが家の一大事に急転直下で引き受けることにしたそうだ。母は、事務所や車庫を設け、適切に管理できる仕組みの構築に奔走した。しかし、急激な改革は創業者にとってすべて受け入れられるものではなく、祖父と母の間で言い争いになることも多かったという。そのような光景を目にしていただけに、久典氏は会社経営にそれほど興味を持てずにいた。そのため、当時、まさか自分が社長になるとは考えもしなかったのである。
そして、もうひとつのきっかけとは、２００１年に東村山市が家庭ごみの収集運搬会社の入札を行うことになり、同社も参加することになる。その頃は大手の運送会社などが廃棄物ビジネスに参入し始め、コンペはかなり激戦となった。しかし、幸いにも同社は11社の指名会社のひとつに選ばれた。このとき、創業者はすでに会長となって第一線を退いていたため、２代目社長になっていた一枝氏が陣頭指揮を執った
「母には強い危機感がありました。廃棄物ビジネスの社会的な地位が上がれば、行政からの管理や規制が厳しくなるのは当然で、それに対応できない会社は脱落していきます。このため、市の指定を受けられるような組織にすることで、さらなる成長を図ったのです」

▼承継より興味があったモータースポーツ

久典氏が誕生した１９７９年は、会社が事業系の廃棄物収集運搬を始め、最初の成長を遂げていた時代だ。父親が早くに病死し、生計を営むために働く母の姿をいつも見てきただけに、会社は身近な存在だった。幼い頃にごみ運搬車に乗せられて、東京湾の中央処理場まで行ったことがあった。そのような経験を通じて、この仕事が家業だという意識は当然あっただろう。

それでも、自分の人生と会社の経営を具体的に重ねることはなく、高校卒業後はまったく別

▶加工を行うプレス機械（左）と缶種ごとに分別されて圧縮される様子（右）

の道に進む。それは、モータースポーツの世界だった。16歳で始めたカートレースに夢中になり、そこに職を求めたのである。

「最初はレースドライバーを目指しましたが、幼稚園の頃からカートに乗っているような連中には歯が立たず、メカニックやエンジニアなどの技術者になろうと思いました」

合格した大学を蹴ってまで、その分野の専門学校に進むほど決意は堅かった。そんな熱意が実り、大手自動車メーカー系のレーシングチームでメカニックに採用される。仕事はとにかく厳しかった。72時間ぶっ続けで働いていたこともあり、最後は身体を壊してチームを辞めることになった。そんなとき、母親から連絡が入る。

「人手が足りなくて、会社が大変だから手

▶ PETボトルは選別後に圧縮梱包され、化成繊維の原料として出荷される

伝ってほしいというものでした。さすがに、息子としての責任を感じ、ここで働かなくてはと思うようになったのです」

廃棄物処理価格の適正化が最初のミッション

千葉企業に正式に入社した久典氏は、営業担当のひとりとして働き始める。経験のない仕事だけに、最初は戸惑いの連続だった。

「ベテランの営業マンに指導されながら一緒に回りましたが、もともと人前で喋るのが得意ではなかったこともあり、訪問先でうまく説明できず、ただ顔を赤くしていました」

ごみがまったく出ないという事業所はな

▶ガラス・陶磁器類は色別に粉砕され、中間処理とする。一定量ごとに保管して最終処理業者に引き渡す

く、そうした意味で営業先となる対象は無限にある。すなわち、特定の地域で新規に顧客開拓をするには、目についた事務所や店舗を片っ端から訪問することになるのだが、これは精神的にかなりハードな仕事と言える。

「まともに喋れない人が相手にされるはずもないですし、2カ月近くは空振りの連続でした。それでも、失敗を続けることで恥も外聞もなくなってきて、徐々に冷静に対応できるようになっていきました」

その結果、少しずつではあるが、仕事が取れるようになっていく。そして、再契約交渉のために、ある大手流通会社の管理部門を訪れたとき、転機が訪れた。

「廃棄物処理のビジネスでは、契約件数

を増やすために原価割れに近い安売りが当たり前になっていたのです。しかし、それでは採算が合わなくなり、いつか破綻してしまいます。そこで、値上げをお願いできないかと交渉を始めました」

もちろん、そんな要求をすぐに承諾する顧客はいない。しかし、そこで久典氏は廃棄物運搬の現状を細かく説明し、価格が適正かどうか一緒に検討してほしいと申し出た。すると、さすがは大手企業だけあり、2週間かけて価格体系の検証につき合ってくれた。

▼中長期的なビジネスプランを構築・実行したい

久典氏のこうした振る舞いにより、このままでは廃棄物の処理事業が成り立たなくなることが理解され、処理料の値上げに応じてもらえただけでなく、「仕事内容をきちんと説明してくれる業者は信用できる」と、その後も長期的な契約が続いている。そして、このような経験を通じ、廃棄物ビジネスにおける長期展望が描けるようになったという。

順調に仕事の経験を重ねていった久典氏だったが、2007年に事件が起きる。会社の運営方法やプライベートでも社長である母と激しく意見が対立し、自ら退職するのである。その後は、コンピュータソフトの会社で販売の仕事に就いていた。

「母は祖父の直感型経営の反省から、過去の成功例を参考に堅実経営するタイプでしたの

▶ 周辺地域の環境保全や周辺住民への配慮を目的とした調査・協議を経てようやく処理施設に認定される

で、中長期ビジョンを描いて将来の経営計画を話す私とは、合わないところがあったのです。最後は大ゲンカをした末に辞めたので、そのまま戻らないつもりでした」

しかし、5年後に母から「経営を継ぐ気があるのか？」と打診される。このときも多少の言い争いはあったが、高齢になって舵取りが大変なことはわかっていたので、最終的にその話を受けることにした。根回しがいいことに、母は先に中小企業大学校東京校の経営後継者研修への申し込みを済ませ、逃れられないようにしていた。加盟するトラック協会の知り合いから、「後継者を育てるにはいい学校」と聞いていたのである。

もっとも、そのときはまだ別会社に勤め

ており、すぐ受講できる状況ではなかった。久典氏は大学校から連絡を受け、初めて受講生になったことを知ったと笑う。翌年に改めて申し込み、研修を通じて経営者としての意識と責任感が芽生え、続いて運行管理者や廃棄物処理施設技術管理者などの事業に必要な資格も取り、準備を整えていった。

▶社会において欠かせない仕事であることに誇りを持ち、継続性のある事業に育てたいと千葉久典氏は夢を語る

▼承継とは責務を果たすこと

そして会社に復帰後、部長職を4年間務めた後に、3代目社長に就任する。

「私の役目は会社を大きくするよりも、働きやすい職場をつくることと思っています。このため、給与体系の見直しや休暇など、福利厚生制度の改善を進めています」

廃棄物ビジネスは、そのイメージから働き手になりたいという人が少ない。しかし、社会の

沿革

1965年	千葉商店を設立（石油および固形燃料の販売）
1970年	事業拡大のため東京都府中市で運送業、貸倉庫業を創業
1974年	千葉企業株式会社を設立、一般・産業廃棄物収集運搬業を創業
1983年	一般・産業廃棄物処理業に事業を一本化。東京都東村山市富士見町に本社移転
1991年	東京都東村山市久米川町に多摩事業所を開設
2004年	創業30周年を迎え、多摩事業所内にリサイクルヤードを開設
2010年	東京都産廃優良性基準適合認定制度の「産廃プロフェショナル」認定取得
2015年	東京都東村山市廻田町にリサイクル施設、廻田工場を開設
2016年	産業廃棄物中間処理施設「廻田工場」の本稼動開始
2017年	東京都東村山市廻田町に本社移転

中では絶対に必要な仕事で、より多くの人が集まる継続性のある事業にしなければならない。

承継とは、ただ引き継ぐことではなく、そうした責務を果たすことと信じている。それには収益性の向上が絶対で、久典氏が社長を務める以前から進めてきた廻田工場の建設は、その切り札のひとつであった。会社の収益体質が改善されたことで収入も休日も増え、社員に活気が生まれ、会社は良い方向に進んでいると久典氏は確信する。

「まじめに社長として働いている私を見て、母は『ずいぶん遠回りした』と言います。でも、これまでの経験すべてが今に生きているのですから、私は、これはこれで最短コースだったのではないかと思っています。事業承継とは簡単なことではないので、この程度の苦労はあった方がいいのではないでしょうか」

column

廃棄物の再生加工処理工場を自社で建設

東京都東村山市の工業団地に建設され、2016年に本稼働を開始した千葉企業の廻田工場は、廃棄物の再生加工処理を行い、リサイクル資源として有効活用する新しい事業拠点だ。収集の対象となるのは廃プラスチック類、ガラス・陶磁器くず、金属くずなどで、1日13トン近くを処理できる。

ガラスと陶磁器、金属については素材ごとに細かく分類して、原料メーカーやリサイクルプラントに搬入しているほか、プラスチックについては種別ごとに圧縮・梱包や溶解などの2次処理を加えることで、資源としての価値を高めている。

たとえば、発泡スチロールは加熱・圧縮して利用しやすいポリスチレン素材にする、というような具合だ。さらに、工場の屋上には最大出力27kWの太陽光発電施設が設置してあり、NPO法人と連携して電力会社への販売をしているだけでなく、停電など緊急時には地域の電源として機能する予定で、「地元に貢献できる事業所」を目指している。

「好きにしていい」の言葉に込められた愛情が会社を育てる

入社10日で社長が務まった理由

興津貨物自動車運輸株式会社

電話は唐突だった。興津貨物自動車運輸株式会社の代表取締役を務める遠藤太朗氏は15年ほど前、携帯電話の向こう側から聞こえてくる父、信夫氏の声に、いつもと違う空気を感じていた。そして、父は「戻ってウチの会社をやらないか?」と続けた。太朗氏は耳を疑う。それまで会話をしても、仕事の話はしなかったからである。

たまに会っても、「元気か?」「ああ」といったごく普通の親子のやり取りをする程度だった。そもそも父自身、運送業に好印象を抱いてはいなかった。「環境的にもあまり良くない仕事だ。他にやりたいことがあるなら、それをやれ」と陰に陽に言っていた。

太朗氏は、父の言葉を信じて自身の未来を描いた。父は、「4年間遊ぶつもりでいいから大学は行け」と勧めた。数学が得意だった太朗氏は、お

会社概要

社名	興津貨物自動車運輸株式会社
住所	〒424-0212　静岡市清水区八木間町817-1
電話番号	054-369-1191
URL	http://www.okitsukamotsu.com/
設立	1950年5月
資本金	1,000万円
売上高	7億4,500万円（2018年9月期）
従業員数	71人（2018年12月）
事業内容	一般区域貨物運輸事業、自動車運送取扱事業、古物商、倉庫業、産業廃棄物収集運搬業、木材製品加工および販売

のずと工学部を選ぶ。入学後は、〝言いつけ〟通り自由に遊んだ。気がつくと大学5年生を迎え、結局、そのまま中退した。

▼「今さら、なぜ?」

興津貨物自動車運輸は1941年に創業し、戦中戦後の混乱を経て、1950年に太朗氏の祖父の親戚が有志と出資して今の母体ができた。太朗氏が物心ついたときに祖父の秀一氏は地元の名士となっていた。太朗氏は幼少期を振り返る。

▶祖父が興した運送会社を債務超過状態で引き継いだ遠藤太朗氏。父の手筈通りに事が運んだ

「小さな田舎町でしたから、そこの運送会社の社長ということで、学校の来賓席の真ん中にいるわけです。それが嫌でした。いつか自分もそういう立場になるのか、そんな期待をされていることが……」

大学を中退した太朗氏は医療

機器の商社に入る。「体で覚えろ」という方針の下で営業を覚え、売り込みから契約とフォローまでこなした。そんなときに、電話が鳴ったのだ。「何を今さら……」と思ったが、思案の末に太朗氏は父の要請を受け入れることにした。

実はそのとき、父は肝硬変を患ってい た。会社の行く末を案じた父は幹部と相談した。幹部に継がせることも考えたが、幹部はこれを拒否する。そのときに「じゃあ、太朗を戻そうか?」という結論になったと太朗氏は後に聞かされた。

戻そうとは言ったものの、太朗氏にはすぐ社長を継がせるほどの知識も経験もない。父が知人に相談すると、中小企業大学校東京校の経営後継者研修を勧められた。

▶山梨県甲府市へ通じる国道52号沿いに本社を構える。70年近くの間、静岡市を中心に貨物輸送を続けてきた

父は、戻ってきた太朗氏にそのパンフレットを渡してこう告げた。

「ここを修了しなかったら、勘当だからな」

太朗氏は、父が本気であることをそこで知った。

▼息子の研修発表に感動した父が「すぐ社長にする」と明言

しかし、研修中の太朗氏は素直に研修に臨んでいたわけではない。実のところ、太朗氏は自他ともに認める問題児だった。

「全部で20人ほどの同期がいましたが、僕とほか2人がとにかくひどかった。講義は止めるわ、講師には噛みつき、OBには楯突くし。講義でグループディスカッションをしろと指示されてもまとまらない。みんな社長の息子や娘ですから、自己主張の塊なんで……」

しかし、修了が見えてくるにつれ、さすがに人の話を聞くようになり、落ち着いてきた。最後に自社の財務諸表などを分析して論文にまとめるなど、会社の将来を考えるようになったことで、おのずと変わることができた。

意識が変わるのは、後継者だけではない。送り出した先代の社長も変わっていく。研修ではそれまで学んだことを、先代社長を前に中間発表する機会が設けられている。このとき、息子や娘の変貌に先代自身の考え方も変わっていくという。父の場合もそうだった。太朗氏の発表を聞いた父が、同期たちの前で突然「帰ってきたらすぐ社長にする」と宣言したのだ。湧き上がる歓声の中で、太朗氏は「何言ってんだろう?」と戸惑いを隠せなかった。しかし太朗氏は、修了時には父の期待に応えるだけの自信もつけていった。

「中小企業大学校では第二創業のような卒論を書くので、いずれそういうことをやりたいし、やれると思ったわけです」

無事に修了し、〝意気揚々〟と戻った太朗氏に、父は本当に社長職を譲った。戻って10日後には新社長が誕生した。とは言え、業務をすべて把握しているわけではない。取引先との関係構築や業界団体のつき合いもある。古参幹部と政治的な調整も必要だ。普通は冷ややかな眼差しが注がれる。「どうすればいい?」と父に聞くと、「好きにしていい」と答えるだけだった。

▼社長に就任しても5年間はやり方を変えない

父は太朗氏の研修期間中、本当に任せるつもりで事業承継の地ならしをしていた。

「あいつが帰ってくるからよろしく頼む、ということを社内はもちろん、外部の取引先にも半年以上前から言っていたようなんです。だから、入社して『10日後に社長になる』と言っても、会社のみんなは納得していました」

好きにしていいと言われた太朗氏は、2年間その通りにした。父の体調もあり、残された時

▶運転支援システムや安全装置、外装品に相当コストをかけている。ドライバーが愛着を持って走れば、燃費やライフサイクルコストにも効果が表れる

間は少なかった。その間に、やれることはやろうと考えたのだ。一方で、誓ったこともある。5年間はやり方を変えない。それは中小企業大学校の研修で教わったものだ。

「後継者はとかく何かを変えたがる。でも、まずは今あるものをしっかりと引き継ぐ。それをちゃんとしなさいと。事業は新しいことをやるのではなく、継続させ、そこから徐々に変えていくことが大事です」

しかし、「第二創業プラン実行」の誘惑には駆られた。少しずつ実行するが、そのたびに壁にぶつかった。一番のボトルネックは情報の伝達だった。同社では月に一度、社員ミーティングを行うが、その場に太朗氏は入らない。代わりに外部コンサルタントが出席する。彼らが意見を集約し、その後幹部と一緒に太朗氏が会社でできることを考える。

▼「任せた」と言った父が病院のベッドから経営を指揮

父の緻密な地ならしもあり、スムーズに社長業を進めていた太朗氏だったが、その後想像もしなかった事態に次々と襲われる。ひとつは信夫氏の反抗である。「任せた」とは言え、2年、3年と月日が流れるうちに太朗氏と父の間に意見の食い違いが生まれていった。

決定的となったのは、父の入院だった。がんが見つかり、手術をすることになったのだ。手術が決まり、自分の寿命を意識した信夫氏は、無意識に自分の権限を手渡したくないと思ったようだ。太朗氏は、人間の業を見た思いがしたという。おそらく、寂しさを感じたのだろう。父は手術から3カ月後に他界した。最期を見届けた後、太朗氏は社員と会社に戻った。全員が無言だったが、見つめる先は一点だった。

「みんな僕を見ていたんです。無言で『これからどうする?』と聞いていた。そこで初めて、自分が社長をやるしかない。この会社の社員と家族を守っていくと自覚したんです」

「任せた」と言っていた父が太朗氏に口を出すようになった背景には、業績の悪化があった。父が亡くなったときの同社の債務超過は、1億4500万円までに膨らんでいた。会社は父が亡くなる前に返済のリスケジュールを行っていた。

▶企業理念や行動指針などは特に設けていないが、それよりも「日々要望を聞いて早く対応することが大事」と考える

▼仕事そっちのけで支援した被災顧客企業

とにかく、目の前のことをひとつずつこなすしかないと思って取り組んでいた矢先に、3・11の東日本大震災が起こった。

真っ先に脳裏に浮かんだのは、宮城県石巻市にある顧客の合板小会社だった。何かしないといけないと思い、翌週には救援物資を運んで届けた。最初は水だった物資は、そのうち米になり軽トラックや乗用車になりと、どんどんエスカレートしていった。仕事そっちのけで、要望を聞いてはゴールデンウィークまで3日に一回、輸送を続けた。そして迎えた9月、その顧客は復興した。石巻の製造業では最も早い復興だった。

震災前に、その顧客の耳には興津貨物の債務超過の情報が入っており、取引に暗雲が立ち籠めていた。しかし、その捨て身の支援ぶりに、社長が「興津貨物だけは絶対につぶすな」と大号令をかけてくれたのだという。

再生には、税理士を変えたことも大きかった。以前は大手税理士事務所と契約していたが、直接税理士と話ができるのが年に2回ほどだった。あとは事務員が対応していた。これを中小企業大学校時代の講師に紹介してもらい、切り替えることができた。

「その大先生が厳しくて、リーマンショック後に『利益率5%、経費20%削減の事業プランを出せ』と言うんです。『それができたら引き受ける』と、とにかく必死でつくり上げました」

しかし、そのことが同社の実質的な再生計画の始まりとなった。再生のための知識も新たに学んだ。2カ月間、土日泊まりがけで静岡から東京に通い、事業再生の専門資格「ターンアラウンドマネージャー」を取得する。折しも、再生計画は金融円滑化法が施行されたタイミングだった。このため、同社の借入金の返済は猶予となった。

結局、債務超過分は父の保険金が支払われたことでしのいだ。社長交代時の地ならしといい、保険金の支払いタイミングといい、まるで見計らったかのような出来事だった。父が「好きにしていい」と言った意味も、今なら理解できる。

社長交代から12年。運送業界を取り巻く環境は激変した。物流拠点が大型化し、保管から運搬、検品、通関業務など物流全般を引き受けるサードパーティー・ロジスティクスなどが生まれている。しかし、当面の経営戦略はこれとは逆を行くつもりだ。荷主に近いところにいて、

▶ 自社の事業再生のために取得した資格「ターンアラウンドマネージャー」の認定証

▶ 乗務員のアルコールチェックは事務所に検知器を置いて乗務前と乗務後に必ず測定している

▶弟で常務の遠藤雄大氏（左）と談笑する太朗氏。社内で人材派遣業を営む部門を率いる。雄大氏も中小企業大学校で同じ研修を受けた

ことになる。

「興津貨物は外せない」存在感を示していく

▼外部環境に対応するのではなく、内部環境を変える

運輸業界は、顧客である荷主の業界動向に左右される。こちらから積極的な営業活動をかけるのは正直難しい。売上を確保しようと荷を増やすと、トラックや乗務員も増やさなければならない。そこで、内部環境を変えることで利益率を上げることを目論んだ。

魅力ある会社づくりはまだ道半ばだ。労務費の問題で、大手の法律事務所やユニオンがやって来たこともある。辛いことや苦しいことは尽きない。それでも、これで十分と思って歩みを止めないことが経営者の務めだ。社

沿革

1941年	遠藤太朗氏の祖母の親族が興津貨物自動車を設立
1943年	戦時事業合同令により清水氏庵原郡の運輸業28社が合同
1950年	太朗氏の祖父の親類、遠藤安太郎氏が現在の興津貨物自動車運輸株式会社を創業
1964年	祖父の秀一《ひでいち》氏が5代目代表取締役に就任
1994年	父の信夫氏が6代目代表取締役に就任
2002年	古物商免許取得
2004年	倉庫業許可取得、静岡県産業廃棄物収集運搬業認可取得、静岡市産業廃棄物収集運搬業認可取得
2005年	浜松市産業廃棄物収集運搬業認可取得
2006年	遠藤太朗氏が7代目代表取締役に就任
2009年	静岡県産業廃棄物収集運搬業の許可を返却

員から言われたことに対して、レスポンスを早くする姿勢は今後も大切にしていきたい、と太朗氏は語る。

気になる「次」の後継者だが、太朗氏には今、小学3年生と幼稚園年長の娘がいる。2人にはすでに、父と同じように「好きなことをしなさい」と折を見て話しているという。「外国に出て広げてもいいんです。長女はアイスクリーム屋をやりたいと言っていますが、やるなら興津貨物で、『日本一のアイスクリーム屋をやりなさい』と。まだ、理解はできないでしょうけれども、子どもたちが選択できるように準備したい」

さまざまな縁があり、今日まで興津貨物として存続することができた。その思いも込めて、いつも魅力ある会社にしておきたいと太朗氏は決意をにじませる。

column

自動運転時代になっても乗務員は要る。だから、人間力を磨く

自動車のインテリジェンス化に伴い、安全性が急速に高まっている。興津貨物のトラックには車線逸脱防止支援システムやプリクラッシュセーフティシステムなど安全装置がついている。運輸業界で最もホットな話題は自動運転だが、乗務員はなくならないというのが太朗氏の見立てだ。荷物の積み下ろしがある上、何かトラブルがあったときは人がいなければいけないからだ。

「だからこそ、人間力そのものが問われる」と話す。太朗氏は自社だけでなく業界のイメージアップにも取り組んでいる。安全教室などに取り組むことは当然だが、10年前からは静岡県トラック協会青年部の仲間と公立幼稚園などを回り、読み聞かせ活動を行っている。

これが、テレビなどメディアにも取り上げられるため、結構な宣伝効果になる。すぐに「見たよ」と反応があり、頑張っている様子を伝えられる。それが巡り巡って乗務員のマナー向上や安全、イメージアップにつながればいいと考えている。

父の敷いたレールにうまく乗せられ、恵まれた事業承継を実現

営業力に磨きをかけてくれた先代たち

株式会社オサシ・テクノス

自然災害を予知する機器やシステムなどを開発・販売する高知市の株式会社オサシ・テクノスは、23期黒字決算を続ける地方の優良企業だ。そんな同社を率いているのは、3代目社長の矢野真妃氏である。主力商品は、伸縮計を使って斜面の変動などをモニタリングする地すべり観測システムだが、ほかにも河川水位観測、潮位測定などを対象にした水位計、パイプひずみ計、雨量計など、ネットワークシステム化が可能な計測機器を提供する。

さまざまな自然災害が多発する今日、その商品の特殊性から同社の売上は伸びている。しかし、その舵取りは決してたやすくはない。災害が多い年には、現場を復旧する際の2次災害防止用にモニタリングシステムなどの受注が集中するが、発生が少ない年には受注が減る。しかも、災害は予

会社概要

社名	株式会社オサシ・テクノス
住所	〒780-0945　高知市本宮町65-3
電話番号	088-850-0535
URL	http://www.osasi.co.jp/
設立	1972年6月
資本金	3,500万円
売上高	10億円（2018年9月期）
従業員数	65人（2018年12月）
事業内容	地すべり・防災関連計測機器の設計・製造・販売、およびレンタル・クラウドサービス・設置施工・保守点検サービス

測が利かず突発的に起こるため、いつでも対応できるようにある程度の在庫を抱える必要がある。どの程度ストックしておくかは悩ましいところだ。

同社は、もとは真妃氏の父である矢野長孜《おさし》氏が１９７２年に創業し、建設省（現・国土交通省）の出先機関や高知県、建設業者に計測機器や放送設備などを納めていたオサシ物産という商社だった。あるとき、高知県から手動の雨量観測を機械化できないかと相談を受け、ＯＥＭで雨量カウンターを開発して納めたところ好評を得た。これを機にデジタル水位計の開発に着手し、１９８５年に「メモリーカード式データ集録装置」を商品化。その後も顧客要求に応えてラインナップを増やし、メーカー事業の比率を高めていく。そこで、１９９３年に社名を実態に合わせ、「オサシ・テクノス」と変更してメーカー専業となった。

▶オサシ・テクノスを率いる矢野真妃氏は「自身の承継は恵まれていた」と振り返る

▼収益の柱を育てる

現在は、行政機関や土木コンサルタント会社などから「地すべりのオサシ」と一定の評価を得ている。商品群はますます多様化し、波はあるが売上は少しずつ拡大している。

しかし、もともとニッチな市場のため、大量販売で売上を伸ばすことは難しかった。また、緊急災害への対応の評価が高まれば高まるほど、そうした需要に対する体制を整える必要があるが、現状の市場向けに在庫や固定費を急速に増やすことには不安があった。そこで、同社では緊急災害需要以外の安定した需要を掘り起こそうと、3年前から「未来創造部」という部署を立ち上げ、新規事業開拓に取り組んでいる。真妃氏は補足する。

「近年、ゲリラ豪雨をはじめとした水害が増え、国も河川の観測ポイントを増やす計画です。その仕様に合った製品を開発し、河川市場への取り組みを進めているところです」

最近は顧客ニーズに即して技術進化を図ると、その先に思いもよらない競合が生まれる例も多くなった。システムのネットワーク化が求められるようになり、従来では競合しなかったIT系のソフト開発会社が参入してくるケースが増えているという。

「昔の計測機器はシステムが組めませんでした。現場に設置して、人が定期的にデータを取りに行くものでしたが、災害が増えてくると遠隔でリアルタイムに見たいというニーズが高まります。そうすると、遠隔監視ができるメーカーに需要がシフトしていくんですね。したがって、こちらも遠隔監視ができるラインナップを増やして対抗するという状況です」

▼構造改革に取り組む

いかに事業領域を見極め、関連商品を効率良く開発するかが今後の成長のカギを握る。同社はこれまで製品開発はすべて自社で賄ってきた。しかし、現在は世の中の流れが速く、開発や新機能の追加作業に外注や派遣社員を使う頻度は増えている。

社内でのフォローアップ体制の確立も、当面の課題である。社員は、10年前は55人ほどだったが、今は65人まで増えた。社員が増えれば、組織体制の見直しも必要になる。そこで社員が

▶ネットワークを介して遠隔地からデータをリアルタイムでモニタリングできる危機管理型水位計

60人を超えた頃、それまで課長制だった体制を部課長制に変えた。

製品の専門性ゆえ、直接担当者以外ではフォローができない場合もある。特に開発や営業部門は、担当者に直接聞かなければわからないことが多く、会社を休んだ担当者の携帯に連絡する場面も少なくない。そこを、チームでフォローできる体制に変えたいという。

一方で、同社では社員が販売から製造まで一元管理できる基幹システムの構築に取り組んだことがある。ただ、内容が複雑過ぎて、依頼したシステム業者が断念したのだった。同社の業務には開発・販売だけでなく、レンタルサービスや設置業務、保守業務、クラウドサービスなどがあり、3年をかけたものの完成を見なかった。しかし、このまま放置する問題ではないと認識している。コミュニケーションを深め、業務の生産性を上げるためにも、体制の整備や業務の整理をした上で再度基幹システムの構築に取り組むつもりだ。

近年は、海外からも引き合いが増えている。その多くは自然災害の多い途上国だ。3年前からは、スリランカで同社の地すべり観測システムの案件化調査や普及実証がＪＩＣＡ（国際協力機構）の事業として行われている。今後、同社の機器が海外に多く出回るようになれば、メンテナンスを現地利用者に教える必要がある。海外事業では、現地パートナーをいかに見つけるかが当面の課題になる。

▶ソフト・ハードと分野別にチームを分ける開発課の作業風景（左）と検査工程（右）

▼転職活動を上京した父に「見つかり」、入社を決意

社長就任の経緯について、改めて真妃氏に聞くと「見つかっちゃったんです」とあっけらかんと笑う。

「大学卒業後に入社した貴金属輸入販売会社を3カ月で辞めて、そのまま東京で転職活動をしていたら、出張してきた父に見つかりました。『何しているんだ?』って（笑）。『じゃあ、ウチの会社に入れ』となったんです」

新卒に近い状態で父親が創業した会社に入り、営業畑で実績を積み上げ、長孜氏などによる周到な準備の末、入社17年目の2013年に3代目社長として就任した。

2代目社長である野﨑敏孝氏は非同族だったが、父親の右腕として会社を見てきた。その野﨑氏に、「こっちを立てれば、あっちが立たない。だから、文句を言わずにやれるのは、おまえしかいないないだろう?」と言われて、「そうか」と納得せざるを得なかった。

▼次期社長に向け、社長のカバン持ちを1年続ける

入社して3カ月は本社で研修すると言われていた。そして、研修後は東京勤務となり、東京生活に戻れると期待していたが、父はそこを見抜いていた。

「本社採用だから、本社で営業実績を上げないと東京には行かせない」

その言葉で俄然スイッチが入った真妃氏。先輩社員について熱心に営業を覚えた。ある程度仕事がわかったと先輩が判断すると、先輩から新規顧客開拓リストを渡された。

「最初は業務に使う単語がうまく聞き取れず、お客さまから教えてもらっていました。一応、地すべりの本などもありますが、特殊な業界ですので、基本的に自分で勉強するしかないんです。取引先のオジサマからは結構可愛がってもらいました（笑）」

営業のスキルも身につき、会社の全体が見え始め、後継の話が出始めた入社14年目に、真妃氏は中小企業大学校東京校の経営後継者研修を受講する。

「社長の野﨑さんと『これからは海外もありだから、英語の勉強もしないと』というような

▶ 高知市内にあるオサシ・テクノス本社。近隣に土木コンサルタントなど取引先企業も多い

話をしていたんです。そしたら父親が、『いいのを見つけてきたから……』と言ってスッと渡されたのが、中小企業大学校のパンフレットでした」

真妃氏は東京での営業職をいったん休職し、10カ月通い続けた。そして修了後、本格的に社長業へのカウントダウンが始まった。真妃氏は、2代目のカバン持ちを1年こなした。野﨑氏は「社長業は10年を区切り」としていたが、真妃氏の要望により、結局12年間社長を続けた。

▼最高責任者ではなく、営業のトップとして会社を支える

社長の就任には、不安もプレッシャーも特段感じなかった。真妃氏が打ち出す方針に対

▶急な災害時でも即座に対応できるよう保管されている製品群

しても、父や2代目と対立することはほとんどない。むしろ新しいチャレンジを積極的に応援してくれるところもあり、やりやすさを感じている。女性の経営者としての風当たりも特になかった。

自身の経営スタイルについては、「ワンマンではなく協調型」と真妃氏は分析しているが、状況に応じてワンマン型にも協調型にも切り換える。

「社内で自分と意見対立が起こったときは、その周りを攻めて納得してもらいます。味方を増やして、数で攻めるような方法です。それは、男性でも変わらないと思います」

同社は、基本的に社員の自主性を重んじる社風だ。社是もあるが、特に唱和はしていない。朝礼についても、行うか否かは各部署に

▶ 歴代の製品が並ぶ資料室。ネットワーク化、システム化の流れがわかる

任せている。

振り返ると、父で会長の長孜氏が上手に事業承継を準備してきたと感じる「恵まれた事業承継」だという。一方で、自身が真の社長かと問われると、自信のなさを口にする。

「位置づけとして最高経営責任者ではなく、営業のトップのようなつもりでとらえています。今はまだ、父と母が財務・総務の両面で会社を支えてくれているので、経営ができていると思っています。この事業は、緊急災害時に備えてモノをすぐ出せるようにしておかないといけませんし、その一方で売れなかったら大量の在庫を抱えてしまいます。そういう中での資金繰りは本当に大変です。基本的に、予算計画は会長に確認をとるようにしています」

▶後継者をサポートする人材をいかに育てるかが大きな課題と語る矢野真妃氏

次の社長を育てるための準備を急ぐ

3年後の創業50年を迎えたときに、売上10億円超えを維持できる企業になっていたいと力を込める。そのためには、マンパワーを増やすことが大事な課題になる。

「売上10億円の壁が超えられずにいましたが、超えたら超えたで忙し過ぎて、社員にかなり無理を強いている状況です。まずは、10億円を維持することができる体制にします。そのため、50周年までには社員を80人まで増やすつもりです」

市場の広がり、競合企業の増大、延長するサプライチェーンなど、経営環境の変化に対して自社のビジネスの再定義の必要性も感じている。

「社員から、『これまでのように《防災計測メーカー》という打ち出し方でいいのか？』との

沿革

1972年	矢野長孜《おさし》氏が株式会社オサシ物産設立
1986年	建設省土木研究所の指導を受け、メモリーカード式データ集録装置開発
1988年	メモリーカード式データ集録装置が高知県地場産業賞を受賞
1993年	社名を株式会社オサシ・テクノスに変更
1998年	緊急地すべり自動監視システムが財団法人砂防・地すべり技術センターの技術審査証明取得
2000年	「土石流による労働災害防止安全システム」が高知県地場産業賞受賞
2003年	業界初「グラフ付伸縮計」発売
2009年	「OSNETパケット通信機」が高知県地場産業賞受賞
2015年	「ばらまき型傾斜計」発売
2016年	中小企業庁「はばたく中小企業・小規模事業者300社」受賞

意見も出てきています。オサシのブランドをどう構築するかも含めて、転換期を迎えていることは確かです」

真妃氏が今、真剣に考え出しているのが、社長のバトンを渡す相手だ。

「結構焦り出しています。これまではなんだかんだ言っても会長に前社長、私と二人三脚で会社を回してきたところがあります。次の代は、1人でしっかり会社を回せる人でないといけない。そのための幹部研修なども増やしていますが、受ける人が私より上の世代が多い。これを30代くらいから始めます。私としては、やはり社内から後継者を育てたいです」

描く後継社長像は、「時代が変わりビジネスモデルが変わっても、みんなが心地良くいられる最適解を出せる人」だ。

column

「地すべり」というニッチを深めていく

伸縮計をベースにした自然災害のモニタリング分野で存在感を示すオサシ・テクノス。近年は、緊急災害について行政などからの要請も多く、「緊急災害のオサシ」のブランドも確立しつつあるという。

水位計をはじめとした水に関するセンシング、モニタリング技術で河川の水位監視ニーズなどにも対応するが、深掘りするのは「地すべり」監視技術だ。各地で地すべり災害が起きると、「必要となる計測機器は全部揃えてほしい」という相談が増えており、その認知度は高い。もともとは地すべり調査用の計測機器ニーズが多かったが、災害が多発している最近では復旧作業時のモニタリングニーズが増え、その重要性も認知されつつある。

また、同社は小電力なモニタリングシステムにも強く、今後はこの技術の応用の可能性に期待をかけている。現在大手ITメーカー、大手通信キャリアなどとも連携を進めるほか、今後は地図情報会社や衛星、ドローン会社との連携も強化する予定だ。

キャラクターの違いを補い、ビジョン経営でまとめ上げる

2代続けて40歳で社長を継いだ

中野ＢＣ株式会社

和歌山県は高級梅「南高梅」をはじめとする梅の産地として知られるが、実は醤油の発祥地でもある。醤油どころとして知られる千葉県の銚子や野田はその昔、紀州の醤油職人が移り住んで発展した。また県北部は日本酒酒蔵の集積地で、知る人ぞ知る地酒も多い。中野BC株式会社は地域の特産品を、長年の醸造技術によりみりんや日本酒、梅酒など多様な形で商品化。国内のみならず、海外にも積極的に展開する醸造メーカーだ。

近年は地の利を活かし、梅を使った商品開発に力を入れ、梅酒のほか梅果汁や梅エキスなど多くの梅原料製品を展開し、梅果汁においてはJAS格付け実績で9割のシェアを占める。とりわけ売上を伸ばしているのが、カクテル梅酒と呼ばれる商品群だ。梅酒にしそやラズベリー、いちごなど、別の果実や野菜などをミックスした梅酒であ

会社概要

社　　名	中野BC株式会社
住　　所	〒642-0034　和歌山県海南市藤白758-45
電話番号	073-482-1234
U R L	http://www.nakano-group.co.jp/
設　　立	1961年11月（1932年創業）
資 本 金	8,000万円
売 上 高	25億円（2017年9月期）
従業員数	155人（2018年4月）
事業内容	酒造部門（日本酒、梅酒、焼酎などの製造・販売）、ヘルスケア部門（機能性食品の販促企画および受注）、梅原料部門（梅加工製品の製造・販売）の展開と原料製品の研究・開発・製造、酒蔵見学案内

る。そのラインナップは40種余りを数え、最盛期はシリーズ発売当初から売上を25倍にした実績を持つ。その梅シリーズの仕掛け人が3代目社長の中野幸治氏だ。

▼父の猛反対を実績で説得

幸治氏は、機械工学科の大学院卒。卒業後は大手醸造メーカーの宝酒造に入社した。製造や営業部門などで上司から厳しく鍛えられて4年間を過ごし、30歳前に中野BCに転じた。

▶健康ブームを意識して梅酒事業を成功させると誓った中野幸治氏

「梅酒が売れるというのは、宝酒造にいた頃から思っていました。世間的にも健康ブームで、梅イコール健康という意識も定着しつつありましたし。地元に根づいた企業として、地域の産業にも貢献できる。そこでつくり上げたのがこのカクテル梅酒です」

もともと梅酒事業は存在して

▶中野BC本社。約40,000m^{2}の敷地に製造棟のほか製品販売、体験棟など20の施設が集まる

いた。幸治氏の父で現会長の中野幸生氏が、地元への貢献を掲げて始めたものだ。しかし、その思いとは裏腹に、なかなか飛躍のきっかけをつかめずにいた。それを見ていた幸治氏が、穴埋めをするかのような形で開発に挑んだのである。

とは言え、すんなり新規事業に取り組むのは、たとえ3代目社長が約束されていたとしても難しい。幸治氏は入社当初、同社の基盤を築いた日本酒部門で、自ら杜氏として清酒づくりをひと通り経験した。その傍らで商品開発も進めていた。

梅酒事業に取り組み始めたのは、30歳をしばらく過ぎてからだ。売れる確信はあったものの、誰も賛成はしてくれなかった。父の思いを果たすつもりで挑んだ梅酒事業でありな

▶梅酒の貯蔵タンク（左）と梅酒蔵に漬け込まれた原料の梅（右）
地元特産の南高梅をふんだんに使用

がら、その父自身が猛反対していたのだ。

幸治氏は梅酒事業がどのような現状にあるのか、ＳＷＯＴ分析などを駆使して強みと魅力を抽出し、幹部と相談しながら開発を進めていった。従来の商品開発と大きく違ったのは、開発メンバーを女性中心としたことだった。それまでは、たとえば商品のパッケージデザインは年配の営業幹部たちが決めていたため、主要購買層となる女性のセンスから外れることが多かった。

「家庭で消費を決定するのは、財布の紐を握っている女性です。特に梅酒は女性をターゲットにしており、女性目線でパッケージデザインやコンセプトを打ち出すことが重要と考えていました」

その結果、カクテル梅酒は大ヒットを呼

び、梅酒事業は同社の代名詞的存在となった。父も売れることがわかると態度を一変させ、応援してくれるようになったという。

▼社長を継ぐことに疑問は持たなかった

モノづくりが好きで、エンジニア志向だった幸治氏。醸造メーカーの子弟の場合、農学部の醸造学科や化学系の学科で学ぶ例は多いが、機械工学科の大学院に進むのはやや異色だ。

「醸造だけではなく、広く機械全体のことを知っておいた方がいいと思っていました。父からは、進路については好きなようにしていいとも言われていましたので」

「好きなように……」と言われて、その進路が社長業より面白くなったら「継がない」という選択肢も浮上する。しかし、幸治氏は継ぐことに迷いはなかった。むしろ、後継者なのに「継がない」という人のことを、「なぜ継がないのか?」と訝しがるほどだった。そう考えるようになった理由を、「父の戦略がうまかった」と言って幸治氏は笑う。

▼大工見習いから県下屈指の日本酒蔵元へ

幼い頃の幸治氏は、忙しく飛び回る父にほとんど遊んでもらった記憶がない。代わりに中野BC創業者で、祖父の中野利生氏が幼い幸治氏にビジネスの魅力を伝えていた。

▶ 中野BCを支えてきた清酒「長久」。品質とブランドをさらに高め、日本酒の売上比率拡大を狙う

幸治氏は幼い頃から、祖父の実家を訪ねては中野BCの創業期の話を聞かされていた。

祖父はもともと大工だった。当時、一帯には、造り酒屋の蔵元が100軒を連ねていた。蔵元の家はいずれも大きく奢侈を極め、若い見習い大工で貧しかった祖父には眩しく映ったようだ。毎年、新酒の頃には蔵元一帯には新酒の香りが漂い、蔵人たちの歌が聞こえてきた。祖父はそこで一念発起し、同じ醸造業である醤油醸造家を志した。日本酒の製造には、技術もさることながら酒づくりの権利を得なければならず、また酒米を買い取ってから日本酒をつくって販売し、その代金を回収するまでのキャッシュが必要だった。

醤油発祥の地である和歌山には、名うての造り醤油どころが揃っていたが、いずれも

「濃口醤油」だった。そこで、祖父は和歌山にはない薄口醤油を開発して完成させる。

みるみる市場を獲得していった祖父は、その資金で傾きかけた蔵元から権利を買い取り、県内屈指の生産量を誇る蔵元となった。事業拡大とともに施設や敷地も大きくなった。起業家魂をくすぐる祖父の話に、幼い幸治氏が胸を踊らせたことは想像に難くない。

祖父は、早くから息子である2代目の幸生氏に「40歳になったら社長を譲る」と常々話していた。そして、実際その通りにした。祖父から事業を受け継いだ父は、基盤を安定させるべく多角化に努めた。中核事業であった日本酒に勢いがなくなることを察知すると、健康食品の開発に力を入れ、研究所も立ち上げた。また、梅エキスや果汁を製造する事業会社などを設立したほか、スポーツジムやデイケアサービスなども手がけている。いずれも健康に関連づけた新規ビジネスで、和歌山県内では初の事業だった。

▼先代とはぶつかる。でもビジョンは共有している

父が祖父からそうされたように、幸治氏も父から「40歳になったら任せる」と言われていた。父はそのためのレールを敷いていたようで、株の問題などを含めて環境を整えてしっかり40歳でバトンを渡している。一般的に後継者が入社すると超えなければならないハードルに、年配社員との折り合いがある。特に蔵元という職人たちが働く現場で認めてもらうためには、

▶創業者・利生氏による手づくりの日本庭園「長久邸」。近年はSNSなどを通じて海外から訪問客が多い

相応の努力を要する。その点について幸治氏は「比較的早い段階から周囲の信任を得ていた」と語る。

同社では社員杜氏という制度を採用しており、幸治氏はこれを入社2年目で経験している。杜氏は、新酒の味や品質を決めるきわめて重要な役割を担う。酒づくり期間、杜氏や蔵人は深夜1時、2時まで微妙な温度や湿度管理をしながら麹や酒母づくりなどをこなす。幸治氏は、会社に泊まり込みながら杜氏としての仕事に取り組む一方、空いている時間でマーケティング部長、経営戦略室長として商品開発などの業務をこなした。そのときの熱心な態度が周囲に認められたと語るが、宝酒造時代にがむしゃらに働いていた経験からすれば、それほど難しいことではなかったようだ。

早い段階で社内の信任を得ていた幸治氏だが、経営をめぐってはよく父と対立した。

「父は法学部出身の事業家。私は技術屋でキャラクターが違います。ただビジョンは共有しており、どっちが正しいとか間違っているとかではなく、アプローチの違いと思っています。あとは、〝どうすればいいか〟という落としどころを見つけるだけです」

気をつけているのは、会議などで正面からぶつからないようにすることだ。激しくやり合えば、役員や社員を困らせることになる。しかし、自身の対応もだいぶ柔軟になってきたと自負している。

▼この1、2年で海外事業の基盤を固める

幸治氏が注力するのは、海外への事業展開である。一年のうち半年は海外を飛び回る。2018年2月にも和歌山の素材を使ったクラフトジンを商品化し、イタリアの展示会で売り込んできた。ジンは今、世界的なブームを呼び、カクテル梅酒の次の有望株である。

「国内市場の今後を考えると当然、海外展開が視野に入ります。会長からは月の半分は国内にいてくれと怒られていますが、海外のビジネスは実際に現地に出向いてその国の人と会ってみて、肌感覚で合う・合わないを理解することが大切です。この1、2年でしっかり海外事業

▶充実したお土産・体験コーナー。ブランド力強化のため体験ツアーやイベントなどを積極的に展開する

の基盤をつくりたい」

売上構成に対する懸念も抱いている。梅商品の売上が伸び、同社の売上の半分以上を占めるようになった。その脇を固める商品づくりが目下の課題でもある。

「日本酒のみならず、多様なことができるのが当社の強み。海外の市場を見渡すと、大変革ではなくても少しアレンジを変えるだけで、売れる商品はつくれると思っています。その意味でも海外に出て、自分たちの技術や魅力を客観視することは必要です」

今期の経営ビジョンには「原点回帰」を掲げた。自社が持つ資源を深掘りする意味だ。そのためには人材の育成も急務となっている。

▶精力的に世界を飛び回る中野幸治氏。地域資源を活かした派生商品開発に注力すると語る

「各部門の部長クラスには、『早く右腕となる人材を育ててくれ』と言っています。父が事業を広げることができたのは、技術に詳しい右腕となる専務がいたから。だから、そういう右腕となるような若手中堅人材を育ててほしい」

情報共有も大きなテーマだ。部長や管理職が、他の業務のことを知らないケースが多かった。組織が個々の点で成り立っているような状態では意味がない。線や面に広げないと強い組織にならない、と危機感を強めている。

▼理想の会社のかたちは「低い円錐形」

そこで意図的に幹部を違う部署へ異動させているほか、情報の共有の重要性を説くため、幸治氏自らが報告書を記し、社内で共有するようにしている。海外出張中も報告書をつくり、

沿革

1932年　中野利生氏が「中野醤油店」を創業
1949年　甲類焼酎を製造
1958年　清酒の製造を開始、「長久」のブランドで販売
1961年　中野醸造工場から中野酒造株式会社に改称
1979年　本場紀州の梅を原料とする梅酒の製造を始める
1983年　日本庭園「長久邸」が完成
1990年　食品科学研究所「リサーチセンター」創設
1991年　梅エキスの製造開始
2002年　中野酒造など3つの会社を合併し、中野BCに名称変更
2015年　中野幸治氏代表取締役社長就任

メールで送っている。重要事項にはマーカーをつける念の入れようだ。

理想とするのは低い円錐形の組織だ。社員個々が自発的に考えられる組織を指向する。

「上から観ると私を中心に、コミュニケーションが取れてしっかり円陣が組めているイメージ。状況に合わせて全員でいろいろ考えてできる集団になりたい。現実的に、当社に親子で入社したのは、私たち中野家だけです。それは、まだ中野ＢＣという会社に誇りが持てていない証だと思う。幹部には、『自分の子どもをウチの会社に入れたいと思える会社にしよう』と言っています」

こうした姿勢がまさに事業承継につながっていくのだろう。いずれはその中から、中野ＢＣを引き継ぐ人が現れることを、幸治氏は密かな楽しみに感じている。

column

女性社員がリードする地域に誇れる会社づくり

中野BCは早い段階から酒蔵見学を取り入れてきたが、幸治氏が戻ってきてからは、「イコールお酒が飲める20歳以上」という概念を変えることに取り組んできた。家族が子連れで遊びにくることができる環境を整え、「梅酒バー」や「日本酒バー」、ノンアルコールの試飲のほか梅酒や梅シロップ漬け込み体験など、老若男女が気軽に訪れるスポットとなりつつある。

一日平均で約2,500人、うち300人ほどが子どもだという。狙いは若い世代の取り込みとファンづくりだが、幸治氏がやれると確信したのは、社員のホスピタリティの高さだった。外から訪れるお客さんに対して誰もが自然と笑顔を見せ、丁寧に対応する。「それができていなかったら言い出さなかった。当社の自慢のひとつ」と幸治氏は胸を張る。

幸治氏が掲げる「地域に誇れる会社づくり」は着実に進んでいる。それは特に女性社員に浸透しているようだ。同社の育休復帰率は100%だという。会社に魅力があるからこその数字だろう。

事業承継ファイル 10

世界中に「ラーメン大好き人間」をつくりたい

先代の夢を引き継ぎ、着実に海外進出

重光産業株式会社

白濁した豚骨スープに浮かぶ香味油「マー油」が中太麺に絡み、独特のコクと風味が病みつきになる熊本ラーメン。一見すると濃厚そうだが、まろやかで見た目よりあっさり、飲み干せるほどうまみが凝縮されているのが「味千拉麺」だ。この味千拉麺をはじめ、5ブランドを展開する重光産業の2代目社長、重光克昭氏は自慢の逸品について話す。

「これひとつで味が変わる『魔法の油』、だから略してマー油と言われています。マー油は各社で異なり、何がどのくらい入っているか、原材料の調合や製法は門外不出です」

そんな秘伝の味は、2018年秋の時点で国内に81店、世界に739店まで広がっている。ラーメンの本場中国にも668店出店しているが、ここまでの道のりは決して平坦ではなかった。

会社概要

社名	重光産業株式会社
住所	〒869-1107 熊本県菊池郡菊陽町辛川448
電話番号	096-349-2222
URL	http://www.aji1000.co.jp/
設立	1972年7月（1968年創業）
資本金	6,450万円
売上高	20億円（2018年6月期）
従業員数	100人（2018年12月）
事業内容	食品製造、「味千拉麺」ほか飲食店のフランチャイズチェーン展開

▼父が研究、母が店を切り盛り、「店は家の次に好きな場所」

克昭氏の父で、創業者でもある重光孝治氏は、もともとは甘味料や乾麺などの製造販売をしていた。しかし、事業は下請け中心で決して順調ではなかった。品質や味に自信があった孝治氏は、下請けではなく直接消費者に味わってもらおうと、7坪8席のラーメン屋を始めた。開業の1968年は、ちょうど克昭氏が生まれた年でもある。その味が評判を呼び、店舗数は増加していく。克昭氏は幼少時を振り返る。

▶ラーメン職人を地で行く父と、店の切り盛りに才覚を発揮する母を見て、いずれは自分が継ぐと幼少から悟っていたと語る重光克昭氏

「父はラーメンの味の研究に没頭し、店は母が切り盛りしていました。だから、小学生の頃から放課後は毎日店へ行って、手伝ったり従業員に遊んでもらったりして、店は家の次に好きな場所でした。大人になったら『店をやるか

な？』程度には思っていました」

その後、「家業」は「事業」へと成長。「店」は「会社」へと大きく飛躍した。克昭氏は大学時代、店でアルバイトをしながら野球に夢中になっていたが、卒業を控え、「いずれ会社を継ぐのなら、一度社会に出てみよう。飲食業界で日本一の会社で働こう」と考えた。そして当時、日本一の規模を誇るファミリーレストランの本部に電話。採用はすでに終了していたが、熱意が通じ、面接へこぎ着けた。「熊本で親が経営する会社を継ぐつもり」と正直に話すも、即日採用が決まる。ただ、この一連の行動は、親には内緒だった。

「それが、12月にバレてしまいまして。父にはしばらく口を聞いてもらえませんでした。それまで僕はどちらかというとおとなしく、父の言うことも受け入れていました。なのに、黙って勝手な行動をしたため、父は『裏切られた』と感じたのかもしれません」

▶ 2017年に熊本空港にほど近い場所へ移転新設した本社工場

当時、総務部長だった叔母の仲介で話し合いの場が持たれ、先代社長が「もし就職せずに、ウチに入ったら何をしたいか?」と聞いてきた。克昭氏はどうせ実現しないと思い、「老朽化した店をリニューアルして、その店を任せてもらえるなら」と返答した。すると、「じゃあ、やれ」とあっさりゴーサインが出た。もう、後には引けない。内定が決まっていた会社にすぐ電話をし、事情を話して何とか理解を得ることができた。

▼大学校へ2度通い、そこでの学びと刺激が糧となる

現場を任されてからは、店で寝泊まりするような多忙な日々が続く。そこへ、先代社長から「中小企業大学校直方校の経営管理者コースへ行け」と指示が飛ぶ。克昭氏は勉強が苦手で、店が忙しいときに「なぜ?」と怪訝に思ったが、そこは逆手にとって「息抜きをしよう」と考えた。週5日は大学校の宿舎に宿泊し、週末に帰宅するという生活を6カ月続けた。受講者はみな年長者で、22歳の克昭氏はみんなに可愛がられた。

「それまでまったく知らなかった財務などが学べて新鮮でした。でも一番勉強になったのは、年長者との夜の懇談です。経営幹部の生の声が聞け、悩みも相談していました」

しかし、6カ月の研修を終えて店に戻るとまた多忙な日々が始まり、何かが変わることはなかった。そしてその2年後、今度は中小企業大学校関西校の経営後継者コースの受講を命じら

れる。関西校があるのは兵庫県福崎町。歴史と文化に満ちたのどかな山間地で、10カ月間の寮生活を送ることとなった。

前回と違って年齢が近い「2代目」受講生が多く、まるで本当の大学に通っているようであった。ゼミやグループワークをする中で親交が深まるのはもちろん、周囲に繁華街などない寮生活では、境遇が近い同期と思う存分語り合えた。

また、店のオペレーションは熟知していたものの、製造実務の経験はなかった。そこで、中小企業大学校でお世話になったゼミの先生に紹介してもらい、大阪の製麺所で製麺技術研修を受けた。中小企業大学校の受講を含め、それまでは「すべて父に言われてやったこと」だったのが、このとき自らの意志で「勉強したい」と気持ちが動いたのである。

▼2人の香港人との出会いが海外進出成功の転機に

一方、事業では、1994年に台湾へ出店。初めての海外進出だった。先代社長が台湾出身で現地に知人がいたためだが、習慣の違いや言葉の壁などがネックとなり、うまくいかなかった。翌年、北京へ出店したが、やはり考え方の違いで失敗に終わる。そして、3度目の正直とも言える香港で、初めて軌道に乗る。克昭氏は、「2人の香港人との良い出会いがあった」と成功に至った経緯を語る。

▶ 即席麺からトッピング材料まで揃える味千ラーメンの商品群（左）とキャラクターのチイちゃん（右）

1人は日本に留学経験があり、日本語の扱いも問題ない実業家の男性であるリッキーだ。彼はクレープ販売を香港で展開し成功を収め、次の業態としてラーメン屋の経営を切望し、同社に電話してきたのである。

克昭氏はちょうど大学校を終えた頃で、当時は営業として店舗の巡回指導や物産展などを担当していた。同時並行で海外も面倒を見ており、リッキーと一緒に「まずはとにかく店を出そう」と、出店準備を進めた。しかし、実際にやるとなると、原材料の供給など問題が出てきた。熊本の店と同じ味を提供するには同じ食材が必要だが、輸出のための時間やコストがかかり過ぎ、単価が高くなる。

悩んでいるときに知り合ったのが、もう1人のキーパーソンで、「製造に興味がある」

という女性のデイシーだ。当時、熊本県は香港との経済交流を推進し、工場見学会などが行われ、そこで先代社長がデイシーと知り合った。先代が2人をつなぎ合わせる恰好で、香港出店に向けた流れが整った。ところが、現地視察中の先代社長が体調を悪くして病院へ運ばれる。そして、伝えられたのが「余命3カ月」というがんの宣告だった。

克昭氏は、それまでに香港の2人とは親しくなっており、3者会議で「先代社長が生きている間に香港店を立ち上げる」ことを合意する。その後の動きは早かった。デイシーは帰国して、自身が持つ倉庫を製麺工場に一新。これで麺の現地生産が可能となり、輸出の問題が解決した。リッキーは日本に残り、店舗オペレーションの研修を積んだ。

4カ月後の10月、香港店がオープンした。当時、先代社長の体調は良好で、香港へ行くことができ、開店を見守ることができた。そして、翌年2月に天国へ旅立った。

▼社長を継いでからの3年間、無力感に苛まれ……

先代社長亡き後、克昭氏は28歳で社長を継ぐ。海外出店も今度は順調で、国内店舗も安定していたが、克昭氏の心は穏やかではなかった。

「3年ほどは、たまに店に顔を出す程度で、仕事らしい仕事はしていませんでした。父の亡き後、何か新しいことをしなくてはと焦った結果、何をやっても失敗し、トラブル続きで無力

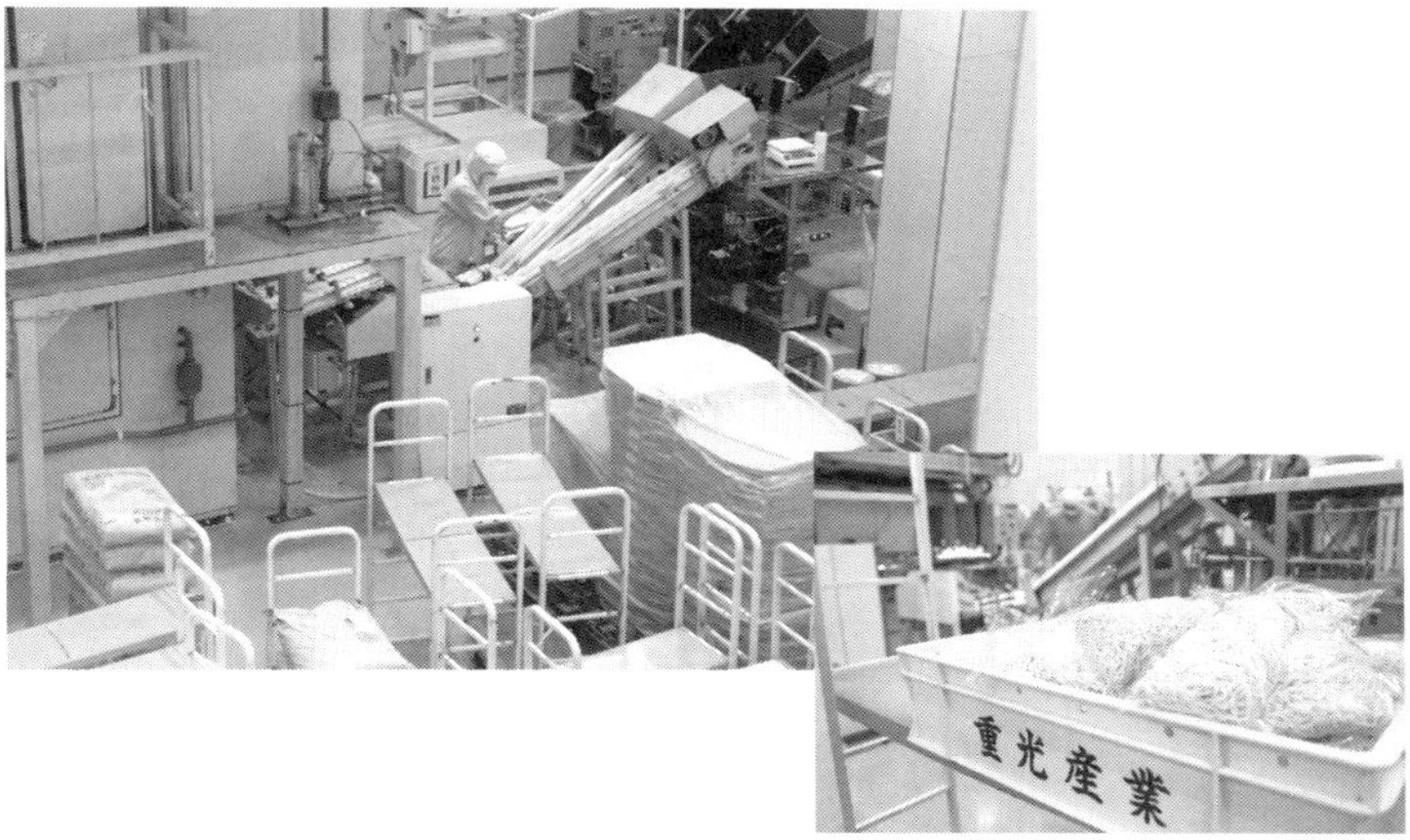

▶製麺工場の生産能力は日産40,000食という。店舗で供される麺のほか乾麺・半生麺などの形態で商品にされる

感に苛まれたのです」

経営そのものは先代社長のブレーンがしっかり引き継ぎ、「自身が何をしなくとも問題なく回っていた」ことが、克昭氏が無気力的になった要因かもしれない。そこから脱出できたのは、先代社長の知人から勧められたある研修に参加したことがきっかけだ。

「そこで自分を取り戻せました。そして、何をやるにも必要なのは現状を把握することと気づきました。これは、中小企業大学校の経営後継者コースで学んだことです」

そこで現状分析をし、不採算店を改善することにした。そのひとつが、創業の地に建てた3階建てビルの本店の建て替えである。1階は味千ラーメン、2階と3階は中華料理店とビルのコンセプトがはっきりせず、赤字続

▶本社の一角に飾られた野球部を表彰する記念品。克昭氏は必ず応援に駆けつけるほか自身もシニアチームでプレー

きだったのだ。ところが、これには、当然ながら母が猛反対してきた。しかし、「1年間口を利いてもらえなかった」ことと引き換えに、洒落た中国風の平屋に建て替え、同時に「味千ラーメン」から「味千拉麵」と屋号の表記も変えた。イメージを一新したことが受けて、赤字は解消されていった。

▼海外フランチャイズ展開成功の背景にある「父の教え」

克昭氏はこの3年間を「楽しい方に逃げていた」と評しているが、その真相は海外店舗の拡大だった。同社は海外展開時、自ら営業するのではなく、あくまでも「相手からオファーが来たら行く」スタイルを貫く。そしてオファー先の「本気度」を確認できたら、フランチャイズ契約を結び、開業までをしっかり支援する。

▶ 地元でのスポーツ振興に加え、2016年4月の熊本地震の復興ボランティア活動にも先頭で陣頭指揮を執った

「視察にも行きますが、まず『熊本に来てください』と伝えます。実際の店や工場を見てもらうためです。来てくれるのは熱意があるということで、大事なのはやる気です」

そうしたスタイルで、日本含め13カ国に展開。今年は、ニュージーランドとパナマからきた人たちが、自国での開業を夢見て熊本で1カ月研修をした。これほどまでに世界各国からオファーがあり、味千拉麺の味を展開できる理由は何か。克昭氏によると、まずは「現地の方の考えを柔軟に受け入れること」で、相手の文化を尊重し、店舗運営は任せるという。

「当社は食品製造業として麺とスー

プなどを製造し、それをオーナーに購入してもらう仕組みをとっていますが、そのほかの肉、野菜、米などは制限していません。むしろ地元で調達してもらっています。先代社長は地域との共生も重視していました。その国、その地域で親しまれるラーメン屋になるためには大切なことだと思います」

▶一番苦労する店のオーナーよりも本部が儲かる仕組みではダメ。店が繁盛するよう支援を続けると誓う重光克昭氏

現地の人の好みに合わせ、たとえばタイではタイの代表的なスープを生かした「トムヤムラーメン」など、各地でオリジナルのラーメンを開発したり、日本にはないサイドメニューを充実させたりすることも人気の理由だろう。

もうひとつは、フランチャイズ契約におけるロイヤリティが定額であること。つまり、各店舗で利益が出たらその分はオーナーの取り分となる。

「これも先代の考えです。店で一番苦労するのは現場のオーナー。だから、そこに還元すべ

沿革

1968年	専門店用の生麺とベースの製造販売を開始
1972年	株式会社を設立。大津工場で生麺、調味料、スープを製造。「味千ラーメン」と銘打ち、チェーン店を募集して組織化を開始
1989年	大津工場を閉鎖。戸島工場を新設し移転
1994年	台湾台北に海外1号店出店（合弁）（現在は閉店）
1995年	中国北京に1号店出店（合弁）
1996年	中国・深圳工場設立。香港1号店出店（合弁）
2003年	タイ工場設立
2007年	アメリカ・ロサンゼルス工場設立
2017年	戸島工場を閉鎖し菊陽町へ本社工場を移転、本社工場FSSC22000認証取得
2018年	味千拉麺創業50周年

きで、本部が吸い上げる仕組みになってはいけません。店が繁盛すれば、それだけ材料もたくさん購入してもらえますから、それでいいのです。当社の夢は『ラーメン大好き人間』を増やすこと。それには店を増やし、いろいろな方に食べてもらう機会をたくさんつくることが大切。それに向けて、これからも各店をしっかり支えていきます」

海外にある5工場は、日本と同様の品質を保つため、品質管理責任者が直接チェックに行くなど管理にも力を入れ、安定した商品供給を実現している。変えてはならないものは変えず、柔軟に対応すべきところは柔軟に対応するメリハリの効いた経営スタイルが、同社の事業継続を可能にしているのだろう。もちろん、その原動力となっているのは、先代社長から受け継いだ「1人でも多くの人にこの味を」という強い思いである。

column

経営に根づく「先義後利」の思想

社長である父が急死し、28歳という若さでその後を継がねばならなくなった克昭氏の心境は、どのようなものであったか。

「いろいろな方に『大変だったでしょう』と言われますが、実はあんまり大変だと感じたことはないんです。楽天家だからでしょうか?」と、豪快に笑う。そんな克昭氏の座右の銘は「先義後利」。「道義を優先させ、利益を後回しにすること」で、「まさに先代がフランチャイズを始めたときの展開のやり方」と話す。

海外で日本のラーメンチェーン店が増え、1杯20ドルという店もある中、味千拉麺は「庶民価格」を維持しているのも、こうした思想が根底にある。販売価格を上げれば利益幅も大きくなるが、あえてそうはしない。理由は「幅広く、多くの人に食べてもらいたい」からだ。

単価が安ければ短期的には利益は少ないかもしれないが、長い目で見れば多くの人が手軽に食べられることで、味千拉麺ファンも増える。そうなれば、自然と利益はついてくるというわけだ。事業継続をしていく上で欠かせない視点が、同社には根づいている。

承継すべきは「新しい事業」へのチャレンジ精神

社会の変化を先取りするセンスを重視

株式会社生活の木

香りや薬効のある植物ハーブは、アロマ製品や飲料・食品、ヘルスケアなどの幅広い用途に使われ、私たちにとって身近な存在と言える。しかし、「ハーブ」という言葉や概念が日本で広く知られるようになったのは１９８０年代以降と、実はそれほど古くない。

「欧米では早くから普及していたハーブを、初めて紹介したのは私たちの会社です。１９７５年にプロジェクトを発足させ、国内向けの事業を開始したことで、徐々に浸透するようになっていきました」

こう語るのは、株式会社生活の木を率いる代表取締役社長の重永忠氏だ。東京の原宿表参道に本社があり、全国に１２０もの直営専門店を展開している同社は、日本における「香りビジネス」のパイオニアである。数百種類ものドライハーブや

会社概要

社　　名	株式会社生活の木
住　　所	〒150-0001　東京都渋谷区神宮前6-3-8
電話番号	03-3409-1781
U R L	https://www.treeoflife.co.jp/
設　　立	1967年12月（1955年創業）
資 本 金	1,000万円
売 上 高	76億円（2018年8月期）
従業員数	780人（2018年12月）
事業内容	ハーブ・アロマテラピー原材料の輸入、ハーブ・アロマテラピー関連製品製造・原材料加工・OEM受託生産、ハーブ・アロマテラピー関連事業の開発・商品開発、ハーブ・アロマテラピー直営専門店の経営、関連スクールの経営

エッセンシャルオイルを輸入・製造して販売するだけでなく、これまでに2500アイテムもの関連商品を開発し、市場を拡大してきた。また、1990年代からはアロマテラピーの普及にも努め、協会の設立や後身の教育に力を入れるなど業界をリードし続けている。

ところが、1955年の創業時は主に陶器の販売を行う会社であり（1967年に有限会社陶光として法人化）、並行して写真館も営業していた。つまり、現在とはまったく異なる業態だったのである。そして、この「変革」にこそ3代にわたって経営を継承し、成長を続けてきた秘密がある。

▶日本の「香りビジネス」のパイオニアとして知られる重永忠氏

▼父に教えられた「変化」への対応

終戦して間もない頃、原宿は多くのアメリカ人が訪れる町だった。近くに進駐軍の家族が住む大規模な団地があり、彼らを相手にした店が軒を連ねていた。この地に居を構えていた忠氏の祖父、重永光次氏も時流に乗り、写真館を創業したのが家業のスタートとなる。

「祖父は別の写真館で丁稚をしていた経験があり、自分の技術を活かして新しい商売を始めたのは正しい選択だったと思います」

一方、忠氏の父である重永進氏は、先代の仕事を継ぐことを良しとしなかった。そこで、新しい事業として陶器の販売を始めることにした。当初はスーベニアショップのような品揃えだったそうだが、やがて日常使える食器類を自ら開発・製造していくことで、事業は拡大していった。

「父の考えは明確でした。アメリカ人向けの商売だけでは将来性はないので、日本人にも買ってもらえる商品を揃えるべきだ

▶ 前身の陶光時代の店舗（左）と、現在の生活の木・原宿表参道店（右）

というものです。その頃は食生活の欧米化が進み、洋食器の需要は伸びていたことから事業は順調に拡大しました」

そんな先見の明を持つ経営者だっただけに、その後も新事業への挑戦が続く。

「父は常に変化を先取りしていくタイプで、陶器で成功しても『やがて安い輸入品が増えたら商売は続かない』と新たな道を模索していました。このため、１９６０年代の終わりにアメリカでハーブルネッサンスと呼ばれる新たなブームが起きると、何かヒントにならないかと、すぐに視察に行ったのです。それが当社とハーブとの最初の関わりでした」

１９６１年生まれの忠氏は、まだ幼かったが、そんな父のエネルギッシュな姿を間近に見ることで、徐々にビジネスへの興味が生まれていった。

「とにかく父はいつも楽しそうでしたね。私は一度も『会社を継げ』と言われたことはありません。しかし、そうやって元気に働く姿を眺め、多くの話を聞くうちに、いつかは父の背中を追ってみたいと思うようになりました」

もっとも、正式に後継者になることを決意するまでには、もう少し時間がかかる。忠氏の幼少時は野球少年で、毎日ボールを追いかけていた。しかし、小学６年生のときに大病を患い、まったく運動ができないどころか、当時の医学では完治しないとの宣告を受ける。療養は３年間近く続いたが、そんな状況から救ってくれたのが漢方治療だった。

「母が手に入れてきた漢方薬を試したところ、2年間で病気がすっかり治ったのです。そんな経験から、自然の植物にある強い力を信じるようになり、父から『アメリカではハーブが生活に根づいている』と聞いたときに興味を持ったのです」

▼ポプリブームを仕掛けてハーブ市場を拡大

そして18歳のとき、初めてのビジネスチャンスが訪れる。

「私は学校に通いながら、ときどき父の仕事を手伝っていました。その頃すでにハーブをビジネス化するプロジェクトが立ち上がっていたのですが、主流はまだ陶器の事業で、『生活の木』のブランドでテーブルウェアを広く販売していたのです」

ハーブ事業の新展開を考えることになった同社のメンバーは、集めたサンプルを眺めながら、あるアイデアを思いつく。

「ハーブなどの香り素材を組み合わせて、室内で芳香を楽しむポプリを普及させていけないかと考えたのです。ポプリなら自分で好きな香りをアレンジできるし、容器などを工夫できます。女の子の趣味として魅力的だとも感じました」

そこで、ポプリの材料を集めたキットなどの商品開発を進めるとともに、マスコミを活用したタイアップ戦略を始める。編集部に知り合いがいた講談社の月刊少女漫画誌『なかよし』に

▶ポプリの普及に努める案内ちらし

ポプリの特集記事を掲載してもらったのである。それがきっかけでポプリブームが起き、ハーブの市場は一気に拡大していった。

ブームを見て後発の企業も次々と現れるが、忠氏の会社は圧倒的な商品力で、他の追随を許さなかった。

「ハーブの販売は結構大変です。何百もある品種一つひとつについて安全性や違法でないことなどを証明して輸入しなければなりませんし、薬事法の規定により効能効果はうたえませんから、適切な商品説明を工夫しなければ消費者に価値が伝わりません。さらに、ポプリとして最適な組み合わせを生むにはハーブに関する深い知識が必要で、一朝一夕に始められるビジネスではないのです。この点、私たちはハーブの事業化まで10年間近くの準備期間を費やしてきたからこそ、ブームの恩恵を最大限に受けることができたのです」

▼中小企業大学校で経営者の友を得る

その後、忠氏は大学を卒業すると大手流通業に入社し、流通と小売の最前線を経験する。そして1987年、後継者として必要な知識を学ぶため、中小企業大学校東京校の経営後継者研修を受講することにした。

「一般の大学で経営学を学ぶのと違い、内容が具体的で、中小企業の経営を引き継いだ者が何をすればいいのか、細かくていねいに教えてくれました」

研修は、各受講者の事情に合った教育がなされる。これから後継する会社の分析に始まり、座学で学んだ知識をそのケースに当てはめながら、組織と自分の将来構想にまとめていく。このため、最後に提出するゼミナール論文の内容がそのまま経営計画になるほどだ。

忠氏は近い将来、天然・自然志向への回帰が起きると確信し、会社の事業もその方向に沿ったハーブに着目。この分野でトップかつオンリーワンの企業になるとのビジョンを描いた。そして1986年、父の会社に正式に復帰し、「有限会社生活の木」に商号を変更して、ひたむきに目標を一つひとつ実現させていく。

「経営を任せてもらえるようになってからは、ゼミナール論文にまとめた通り、次々と新し

▶原宿表参道店は常に来客であふれ、自然素材への関心の高さがうかがえる

いプランを実行していきました」

その内容は以下のようなものだ。

○ハーブという自然素材を世界中から集められる調達体制づくり

○ハーブという自然素材で可能な原料の用途および商品開発

○生産・物流体制の整備と、自社商品をすぐ販売できる直販店の展開

○ハーバルライフ文化を広める教育事業（カルチャースクール）展開

○卸売りでの販売チャネル開発とプロモーションの確立

もちろん、これだけの新事業を進めるには、個人商店の延長であった会社を理にかなった企業組織に変える必要があった。そうしたことも、すべて中小企業大学校で学び、

▶自然素材ブームに乗ってアロマなどの売上が拡大

気づかせてもらったものだという。結果的にこの大改革が成功し、急成長する。

「企業経営の醍醐味は挑戦を続けることで、新たなビジネスチャンスを自ら創造することです。たとえば、アロマテラピーではドライハーブではなく、香りだけを抽出したエッセンシャルオイルを使います。オイルを入手したことで、アロマスプレーやスキンケア商品などの開発につながりました。やがて、これらが店の主力商品になっていくのです」

▼就職人気企業にもランクインした実績

現在、同社のビジネスは「香り」だけにとどまらず、植物がもたらす自然の恵みを活用

▶ 商品開発スタッフ一人ひとりとも常にコミュニケーションを欠かさない

した幅広い領域に及んでいる。そうした中で最近、力を入れているのがスーパーフードの開発だ。薬やサプリメントに頼らず、毎日の食事によって健康が保てる自然の食品を世界中から集め、日本人向けの商品として販売している。

アサイー、アマニオイル、アマランサス、キヌアなど多品種の食材の仕入れと、それらを加工した商品づくりにはハーブビジネスで培ったノウハウが活かされ、そんなところにも経営のセンスが光る。もっとも、会社を継いだことで苦労も多かった。

「陶器からハーブへと事業の主軸が移っていく段階で、一時的に業績が悪くなり、資金が尽きそうになったことがありました。このときは毎日のように金策に走り、悩み過ぎた

▶会社を動かす社員がワクワクできる会社にしていたいと語る重永忠氏

せいで全身にじんましんが出たほどです」

しかし、どんなときでも社内ではきわめて明るくし、社員たちのモチベーションを高めるように努めるのが忠氏のモットーである。

「やはり会社を動かしてくれるのは社員ですから、従業員数が８００人規模になった今でも、私は一人ひとりと直接コミュニケーションをとり、働きやすい、ワクワクできる会社にしようとしています。経営者の役目は本来、ここに尽きるのではないでしょうか？」

そんな努力の成果が実り、同社は２０１９年に卒業する大学生の就職企業人気ランキング（マイナビ、日本経済新聞主催）で、専門店部門の第10位に入る高い評価を受けた。

「蒼々たる大企業が上位を占めるランキングの一角に食い込めたのですから、本当にうれし

沿革

1955年	現在の生活の木・原宿表参道店と同じ場所に、陶器店『陶光』を個人創業
1967年	有限会社「陶光」法人設立　陶器の販売会社としてスタート
1972年	生活提案型のテーブルウェア「生活の木」シリーズを発売
1973年	岐阜県瑞浪市に工場・物流センターをオープン
1978年	ポプリ・ハーブの素材輸入をスタート
1984年	エッセンシャルオイルを発売
1986年	有限会社「生活の木」に商号変更
1990年	スリランカに現地法人を設立
1993年	株式会社に変更
2011年	直営店が120店に

かったですね。会社を続けてきてよかったと、しみじみ思いました」

忠氏には2人の息子がいて、4代目として期待が高まっているものの、父と同様に「会社を継げ」と言ったことはないという。

「それでも、長男は結婚を機に本気で将来を考えるようになってきたので、中小企業大学校東京校の経営後継者研修を受講させ、自分で判断するチャンスを与えました。一方、次男はアメリカでMBAの資格を取得し、いつかは国際事業で活躍して、もっと会社を楽しくしてくれるかもしれません」

会社を継承するだけでなく、新たな成長を遂げるには、社会の変化を先取りした事業の変革が欠かせない。同社のケースはまさにそのことを教えてくれる。

column

多様な事業を貫く「オール自前主義」

ハーブ、アロマテラピー、アーユルヴェーダ（インドの伝統医学）、ハーバルライフカレッジ、そしてスーパーフードへと積極的に事業の拡張を進めてきた生活の木だが、この間、強くこだわってきたのが「オール自前主義」という理念だ。

具体的には、原料を集めるところから商品とサービスの開発、製造、販売という一連のビジネスプロセスをすべて自社で行う。手間はかかるものの効果は大きく、社員の責任感と自覚を促して仕事への意欲が高まるだけでなく、独自のノウハウの蓄積につながった。その結果が「流行に乗っかるだけの追随型の企業」と「自らブームを創造できるオンリーワン企業」との違いにもなっている。

日本で最初に広めたアロマテラピーは、今では家庭の中だけでなく、オフィスやホテル、学校、商業施設などの公共空間にも広がり、「香り」による快適さを実現している。しかし、そこにとどまる気はなく、新しい挑戦の場所を見つけ、商品開発と情報の発信を続けていくつもりである。

事業の多角化モデルを確立し、地方から世界へアピール

父の思いを姉弟で受け継ぐ

丸富士三浦建設株式会社

北海道十勝地域にある丸富士三浦建設株式会社。創業は1974年で従業員62人の中小企業だが、事業内容は多様だ。ハウスメーカーとして北海道の居住環境に合った住宅を提供するほか、スーパー銭湯や太陽光発電、介護まで手がける。一見、無謀にも見えるが、そこには代表取締役の三浦公夫氏が40年余で構築した、時代の変化に合わせて事業展開する知恵が体現されている。公夫氏は、「経営は環境適応業で、先々に手を打たないと生き残れない」と強調する。事業はいたずらに広げるのではなく、生活関連に限定している。

▼ご当地ならではの家づくりから

同社は、建設会社で働いていた公夫氏が24歳で独立して創業した。北海道はもともと日本各地から移住して来た人が多く、以前にいた地域の家の

会社概要

社　　名	丸富士三浦建設株式会社
住　　所	〒082-0005　北海道河西郡芽室町東芽室基線3
電話番号	0155-62-1966
U R L	http://marufujihouse.jp/
設　　立	1974年1月
資 本 金	3,000万円
売 上 高	8億9,500万円（2018年3月期）
従業員数	62人（2018年3月）
事業内容	高気密・高断熱・高耐震性能の注文住宅建設、賃貸マンション事業、温泉ホテル業、サービス付高齢者住宅事業

構造が北海道に持ち込まれ、北海道の寒さに合った仕様ではなかった。そこで1976年に、断熱技術を駆使した「三浦式省エネルギーハウス」を開発する。窓ガラスを三重にし、外壁を15㎝の厚さにして外気を防ぎ、住居内の暖気が外に逃げない住宅を提案したものだ。

価格は一般住宅に比べて約2割高だが、高い断熱性能により暖房費が抑えられ、10年で元がとれる点が顧客に支持された。その後も新しい断熱工法を次々に開発し、市場に投入。事業は順調に伸びて、創業9年目の1983年に売上高は10億円を突破した。ところが、利益は約1000万円しか残っていなかった。公夫氏は振り返る。

▶丸富士三浦建設を創業した三浦公夫氏。「環境適応型でないと生き残れない」と理念を説く

「背筋が寒くなり、これでは会社がつぶれると思いました」

当時、頭の中にあったのは事業構造の転換の必要性だった。1982年にアメリカとカナダの住宅事情を視察に行った際、日本の住宅着工戸数が将来、半減すると予測してショックを受けた。この頃から多角化を意識していた。

▼多角化に活路を見出す

公夫氏は本格的に経営の勉強を始め、売上高を減らしてでも利益を確保するように努めた。売上高は7億円に落とし、経費を削減して5％の経常利益の確保を目指した。営業部隊に歩合制を導入したところ、脱落者が出て社員は半分に減ってしまう。しかし、〝少数精鋭〟で乗り切り、1986年に売上高と利益の目標を達成した。公夫氏は1988年から北海道旭川市にある中小企業大学校旭川校の経営管理者養成コースに月に4日、6カ月間通った。そこで、より深く経営のことを学んだのである。

1996年に、満を持して温泉事業に踏み出した。多角化を意識してから必要な資金を内部留保し、会社の屋台骨が揺るがない金額として、7000万円を温泉の掘削に投じて掘り当てた。それがスーパー銭湯「鳳乃舞　芽室」だ。周囲は温泉事業への進出に懐疑的だったが、公

▶帯広市郊外の芽室町に位置する丸富士三浦建設本社

夫氏の信念は揺るがなかった。

２００１年は建築事業が赤字だったが、温泉事業の黒字でカバーした。多角化戦略が真価を発揮した一例だ。賃貸マンション事業には２００１年に参入。住宅並みの仕様と居住性を確保し、稼働率は高めに推移する。また、直接施工により他社に比べて建設コストを抑え、土地・建物を合わせて12～13年で回収するため、競争力の高い事業となった。

また、経営に行き詰まったホテルが売りに出ていたので、即決で購入してホテル事業に進出する。購入額は７０００万円だが、５億円を投資してリニューアルし、天然温泉ホテル「鳳乃舞 音更」を２００４年にオープンした。公夫氏は「客商売は中途半端ではダメ。自分がお客さまになったつもりですべてつくった」というように、徹底的に顧客要求に応えられる建物の仕様にした。そのため、現在も高い稼働率を維持して黒字となっている。さらに将来の社会構造を見据えて、２０１１年から介護事業に取り組んでいる。

▼中国で父から息子に事業承継を要請

一方、自分の後継者探しについては難航した。これまでに延べ約３００人の社員を見てきたが、適任と思えたのは１人か２人だった。そうした中で、公夫氏は２０１２年のある日、長男の三浦平靖氏に電話をする。

▶北海道の気候に合わせた高い断熱性能が求められる
（写真左は外断熱施工、写真右は内断熱施工の様子）

「ちょっと話がある。来週会いに行く」

当時、平靖氏は本社が東京・日本橋にある化学系専門商社に勤務。中国・上海から約１００㎞離れた浙江省嘉興市にある化学工場で、管理責任者として働いていた。わざわざ父が中国まで会いに来る。平靖氏は何となく「会社を継いでほしい」という話が出るのだろうと察したが、そのつもりはなかった。

平靖氏は15歳で家を出て、高校時代はアメリカで過ごした。アメリカの大学で2年間在籍後、中国の復旦大学を卒業して今の仕事に就いた。創業者の長男だったため、「なぜ自分の人生なのに、親に決められなければならないのか？」という強い不満を抱いて育った。

平靖氏は、上海の中華料理店で父と会った。普段は堂々としているのに、珍しくそわそわした様子だったことを、今でも平靖氏は覚えている。父はビールを2、3杯飲んでから「ウチの会社を継ぐために戻ってきてくれないか?」と切り出してきた。

▶高断熱・高気密で省エネ基準もクリアし、震度7の横揺れにも耐えるモデルハウスを提案

平靖氏は父の言葉を想定はしていたものの、即答はできなかった。

「考える時間がほしいというのが正直な気持ちでした。仮に事業を継ぐとしても、今の仕事への責任があるので『2年間の猶予をください』と言いました」

父の言葉は、平靖氏にとって重かった。〝初めて〞父からお願いされたことへの驚きやうれしさ、自分を認めてくれたという思いが入り交じった複雑な感情だった。

翌日、父は体調を崩して病院で診察を受け、3日間ホテルで療養となった。それまで父の弱い姿を見たことがなかった平靖氏にとって、「自分がどうにかしなければならない」と思うきっかけとなる出来事だった。

▼従業員との壁

平靖氏は中国での仕事に区切りをつけ、2014年に日本に戻る。丸富士三浦建設が運営するホテルで管理・運営業務に携わることになった。ホテルに関わるヒト・モノ・カネを直接把握することで、経営感覚を身につけるという父の意図があったようだ。

平靖氏は次期社長含みで、社長室長という肩書を得た。会社の仕事を覚え、自分を認めてもらおうと必死だった。施設内でトラブルの相談を受ける一方、前職の経験を生かして5S（整理・整頓・清掃・清潔・躾）活動を進めたり、業務のフローを見える化したりした。しかし、思うように動かない社員に対して次第に不満が募っていった。

▶応接室に掲げられた各種スローガンにより社員のマインドが共有される

一方、現場の社員は「黒船が来た」とばかり、警戒心と反発心が生まれていた。これまで会社を指揮してきた社長の公夫氏と、社長の妻（女将）である静子さんを慕い、そのやり方になじんでいたため、次期社長候補の平靖氏が指示しても簡単に従うはずがなかった。

▶ 社員それぞれの立場や思考を思いやることの大事さを学んだ三浦平靖氏。2代目襲名は目前だ

平靖氏にとって一番ショックな出来事は、「ついていけない」という古参社員のひと言だった。その社員は結局、退職したが、長男はいつも創業者である父と比較される。

当時、平靖氏は父と同様、中小企業大学校旭川校で短期間の研修を受講していた。経営ノウハウや情報を得る中で課題の改善策が見えたことに救われた。より深く学びたいとの思いで、２０１６年10月から中小企業大学校東京校の経営後継者研修に行くことにした。

そこで平靖氏は、自己と自社の分析、経

営者の生い立ちについて徹底的に考えた。会社や従業員、自分自身のことに改めて向き合ったのである。それまで漠然ととらえていた、それぞれの人の立場や考え方を理解することで、気持ちの整理がついた。自分に何が足りなかったか、失敗から何をどう学べばよいかを理解した。こうした活動を通じて、徐々にショックから立ち直っていく。今ならなぜ社員の反発を受けたか、平靖氏にはわかる。

「前職の経験をいきなり生かそうとすれば、社員はそれまでの自分たちが否定されたように感じます。当時は地に足が着いておらず、器が小さかったことが思い出されます」

▼姉も家業をサポートへ

平靖氏の姉、三浦紗弥子氏は、早くから父に「地元に戻ってこい」と言われていた。大学を卒業してから、飛行場を設計するコンサルティング会社に2年間務め、その後、方向転換するためカナダに1年留学して建築を学んだ。

カナダ留学後の2004年に日本に帰国し、実家に戻った。すぐに就職せずフラフラしていたことで、同社の天然温泉ホテル「鳳乃舞　音更」で半年間、ベッドメイキングやフロント業務を手伝うことになる。

その後、父から「設計をやりたいのなら、現場の仕事を覚えた方がいい」と助言をもらい、建築事業部で工事の仕事をした。5年ほど現場で働いていたある日、今度は「他社で修行してきなさい」と言い渡され、父の知り合いの会社に行かされた。こうして4年余りが過ぎた頃、ついに父から「自社へ戻って介護の会社を継いでほしい」と相談を受けた。初めは、のらりくらりとかわしていたが、両親の心配をしたのと、弟の平靖氏が会社を継ぐ話が決まったことで、弟をサポートすべく実家に戻った。

紗弥子氏も、2017年10月から中小企業大学校東京校に通った。

「今までは漠然と、親の会社というくくりしかありませんでしたが、財務分析で収益力の経緯とか現在の財務基盤の状態、収益のある事業、ない事業をはっきり数字で認識できました。大学校で初めて自分の会社のことを知りました」

自社の歴史をたどることで、40年以上、社長と女将さんが超えてきた壁や人としての分厚さ、問題の解決能力が見えてきた。紗弥子氏は建築業にやりが

▶弟を支えるため家業に戻った三浦紗弥子氏は住宅づくりのスペシャリストとして貢献する決意を語る

▶ 多角経営は三浦家のDNA。海外も視野に「環境適応業」にこだわる

いを感じている。平靖氏をゼネラリストに例えるとしたら、紗弥子氏はスペシャリストに当たるだろう。

「私がやりたいのは、小規模でお客さまに満足してもらえるような建築です。30〜40年で世代が変わるときに、住宅建設を頼まれるようにしたい。長い年月で1サイクル、2サイクルと続いていく住宅づくりを維持できればと思っています」

▼平靖氏が2019年に社長就任へ

2018年4月、公夫氏は社員全員を集め、平靖氏を1年後に社長にすることを告げた。同時に、66歳まで定年を延長することにした。公夫氏は後継ぎの評価を口にする。

「社員に安心感を与えることで求心力がで

沿革

1974年	個人創業三浦建設設立
1976年	省エネルギー住宅「ミウラ式省エネルギーハウス」第1号誕生
1978年	法人に移行 丸富士三浦建設株式会社となる
1989年	建具部門工場操業開始
1994年	道内初で省エネルギー機構気密住宅評定認定
1996年	スーパー銭湯「鳳乃舞 芽室」オープン
2004年	天然温泉ホテル「鳳乃舞 音更」オープン
2005年	太陽光発電搭載住宅発売
2007年	知事より新分野進出優良企業表彰
2011年	関連会社鳳悠による高齢者マンション買収～改装オープン

き、2代目を支えようとしてまとまってきた」

平靖氏は今後、従業員が元気で明るく働ける職場づくりを心がけたいと話す。

「当たり前に思うかもしれませんが、なかなか難しいです。でも70歳まで働くとすれば、あと35年あります。本気で達成しようと思えば、実現できるのではないでしょうか」

事業では海外展開を目指す。2019年にミャンマーで、日本語学校の経営を予定している。究極の目的はビジネスホテルや賃貸マンションの事業だが、いきなりではリスクが高く、まずは現地事情の把握に努める。平靖氏は、「今後、日本単独での事業展開は難しいため、海外に事業基盤をつくりたい。5～10年後をめどに事業展開したい」と将来を見据えている。父親が進めた多角化路線を発展させ、〝環境適応業〟を承継する考えだ。

column

社章に込めた世界へ飛躍への思い

事業の多角化を進めてきた丸富士三浦建設は、事業承継を機にひとつの節目を迎えている。

現在の建設、スーパー銭湯、ホテル、賃貸マンション、太陽光発電、介護といった事業展開により「商品構成の基礎ができた」と公夫氏は認識する。平靖氏が社長に就任する1カ月前の2019年3月に、賃貸マンションの借入金の返済が終わる。負債がなくなる一方、各事業から年間計1億円ほどのキャッシュが入る仕組みがあり、スムーズな事業承継が可能となる。

今後は海外での事業展開を視野に入れるが、多少のリスクをとれるだけの経営的基盤にも自信を見せる。海外事業の展開は、公夫氏が創業当初から温めていた思いでもある。その証拠に同社の社章は、二重で囲った丸の中に富士山の絵が描かれているが、外側の丸は上下、2つの部分が切れている。そこには、世界に雄飛するという意味が込められており、まさに息子の平靖氏がその実現に向かって突き進む。

蒔いた種から出た芽を、木に育ててこそ自分の役目

アルミ製品とＬＥＤ照明の二本柱を軸に展開

株式会社シバサキ

埼玉県秩父市に本社と工場を持つ株式会社シバサキは、かなり個性的な企業だ。事業の柱は、アルミ製品とＬＥＤ照明の２本。あまり関係性の感じられない領域における実績がしっかりした「脚」となり、間もなく創業70年を迎える伝統ある会社を支えている。

「初めて事業内容をご覧になった方は、アルミとＬＥＤにどんな関連性があるのか不思議に思われますが、私たちの中ではきちんと一貫性があるのです。そのようなな歴史を知っていただくことで、なぜ、私たちの今があるかをご理解いただけることと思います」

現在、代表取締役副社長を務める柴崎聡氏は、そう言ってにこやかに笑った。

会社概要

社　　名	株式会社シバサキ
住　　所	〒368-0066　埼玉県秩父市堀切507
電話番号	0494-62-2211
Ｕ Ｒ Ｌ	http://www.shibasaki-inc.jp/
設　　立	1951年6月
資 本 金	9,000万円
売 上 高	18億4,000万円（2018年3月期）
従業員数	130人（2018年4月）
事業内容	アルミ関連事業／建材・インフィル・産業用フレームなどの開発・試作、受託生産、ＬＥＤ関連事業／ＬＥＤ製品の開発・試作、受託生産

▼時代の趨勢を見極めて事業をシフト

創業者から数えると、聡氏は3代目に当たる。聡氏の祖父は東京・木場で木材商に携わり、戦後に秩父へ拠点を移して木材業を創業した。しかし、1955年以降は海外から安価な輸入材が大量に入ってくるようになり、新しい事業を志すことにした。そこへ、知人の紹介で東洋ドアーという会社の創業者に出会い、同社から公共量産住宅部品の製造を受注したのがきっかけで、1967年にアルミサッシの生産を始めたのである。

▶社業を木材→アルミ→LED照明と展開してきた背景には一貫した理由があると説明する柴崎聡氏

時代は高度成長期に入り、建築需要の急激な伸びによってアルミサッシの市場は拡大していった。以来、アルミ製品のOEM製造が事業の中核となり、会社は成長する。ちなみに東洋ドアーはその後、合併などによってトーヨーサッシからトステムと社名が変わり、現在はＬＩＸＩＬとして建築材料や住宅設備機器の最大手になっている。この間、シバサキは常に製品の供給を続け、確固たるパートナーシップを築いてきた。

「経営を引き継いだ父（柴崎敏廣氏）は、アルミの加工技術を高めていくことで、サッシだけでなくフェンスやバルコニー、エクステリア製品へと領域を広げていきました。そして、そのような攻めの姿勢が、新たな事業へとつながっていくのです」

１９９９年、同社では家具や生活雑貨の自社ブランド「ＡＬＦＡＣＴＯ」を立ち上げ、アルミ製のベンチやチェアを製品化する。

「アルミ建材の受注は安定していましたが、自分たちでも製品開発ができないかとの思いで、新事業を始めたようです。父はアートやデザインが好きなので、独自の設計に挑戦してみたかったのでしょう」

このとき発表した製品はグッドデザイン賞に輝いただけでなく、国内外のフェアに出展され、アルミを家具の素材として採用する斬新なアイデアは高く評価された。しかし、残念ながらアルミ家具という分野が国内では浸透せず、売上増につながることはなかったため、事業からは撤退することになる。しかし、その過程で出会ったのがＬＥＤ照明だった。

▼アルミ加工技術への自信がLED参入のきっかけ

「2001年の東京国際家具見本市に参加したとき、大手の照明機器メーカーが隣のブースでLEDによる試作品を展示していたのです。ところが、電球を支えるアルミ製ユニットの加工の出来があまりに悪く、あけすけな性格の父は、思わず『ウチならもっときれいにやれるよ』と言い放ち、名刺を置いてきたそうです」

迷惑がられてもおかしくない展開だったが、数日後、その経緯を知った照明機器メーカーの社長から連絡が入る。

▶意匠性の高いアルミ製品は数々の表彰を受けている

▶工場と厚生棟をつなぐ屋根付き通路も同社で製造した製品である

「社長さんもアルミユニットの出来には満足していなかったらしく、父の指摘をもっともだと感じたのか、発注してきたのです。その後、継続して仕事をいただくようになり、LEDユニットの筐体生産が事業のひとつになりました」

ところが、次にもっと大きな依頼が舞い込む。電気部品を製造していた協力企業が倒産したと聞き、筐体だけでなくLED基板を含む照明全体の製造を引き受けてもらえないかと持ちかけられのだ。

LED照明は電気製品であり、アルミ製品を本業とする同社にとっては、まったく技術基盤のない分野だった。しかし、もし自社で開発できたとすれば、LEDユニットのすべてを生産することが可能になる夢の挑戦と言えた。父はその依頼に対し、冒険ではあったが二つ返事でOKした。

「まだLEDの利用が始まったばかりの時期で、技術を持っている企業が少なかったことから、そんな依頼が来たのだと思います。しかし、社内には電気系の技術者がいなかったこともあり、かなり乱暴な展開ではありました」

ところが幸いなことに、近所に工場があった大手電子機器メーカーがリストラを進めることになり、退職した人材を採用することに成功する。それがきっかけとなって、LED照明機器の開発と製造に本格的に取り組むようになり、今では光学・メカ・回路・ソフトの専任設計者

▶1987年に現在の工業団地に移転した本社工場の外観

が在籍するこの分野の総合メーカーに育っている。

▼「140×5＝700」という計算の意味

このような歴史を持つ同社の経営を引き継ぐことになった聡氏だが、決意するまでには長い時間がかかっている。

「LED事業がスタートした頃、私はまだ大学生でした。会社の経営は家業と位置づけられていたので、先々代や父、そして親戚から近所の人に至るまで、私が経営を引き継ぐ前提で話をしてくるのが怖かったです。『まったく新しい事業を始めて大丈夫か？』『そもそも自分に社長が務まるのか？』と、ずっと自問していました」

その頃、聡氏が何度も行っていた計算がある。

「140×5＝700という簡単なかけ算を、頭の中で何度も繰り返していました」

140は当時の従業員数で、5は平均的な家族の人数だ。社長になるということは、それだけの人の生活に責任を持たなければならず、まだ若かった聡氏には重圧でしかない。

「大学で経済を学んだ後、大学院に進んで経営の勉強を始めました。でも、それは経営者になるためというよりも、単に時間稼ぎだったように今では思います。その頃は教師になりたいという気持ちがある一方で、夢中になっていたスケートボードでメシを食べていけないかといった夢まで描いていました」

承継を躊躇っていた理由はもうひとつある。学生時代の聡氏は無口で、人前ではまったく話せないタイプの人だった。反面、父は秩父青年会議所の理事長まで務め、話術には定評があったようだ。会社のトップになる人物にはそういう能力が必要であり、聡氏は「自分にはそれがない」と感じていた。

それでも、大学院を修了する頃には自分の責任を果たすしかないと考え、外に出て積極的に他の人に話しかける訓練を重ねるなどして、性格を変えていったという。そして1年間、富山のアルミ加工会社で修業をした後、短期間ながらシバサキで勤務してから、父の勧めで中小企業大学校東京校の経営後継者研修を受講することになった。当時の心境を聡氏は語る。

▶アルミサッシの加工工程。加工設備・治具を内製化し、生産性を向上させている

「まだ迷いはあったものの、同じ境遇にある人たちと知り合い、一緒に勉強したことで徐々に前向きな気持ちになっていきました」

今でもその仲間たちが、聡氏の大きな支えになっている。

▼選択と集中で技術のレベルアップに追従

そんな心の中の変化を感じたのか、父は「これからの経営者は英語ができないとダメだ」と言い出し、1年間のアメリカ留学を命じる。そして2008年に復職すると、部長としてLED事業を任されるようになった。

「まだ黎明期だったので開発に力を入れ、当社にしかできない製品を増やしていくようにしました」

▶一般照明から医療照明まで扱うLED事業部では部品加工から組立まで一貫して手がける

ＬＥＤは効率の良い光源だが、環境の変化に弱く、屋外用の照明などに利用するには技術的なハードルが高かった。そこで、聡氏は中小企業大学校で学んだ経験を生かし、選択と集中を進めて市場のニーズに合った効率的な開発を進めていく。その成果は、決して小さくなかった。

オフィス用や演出用の照明から防水・防油などの機能を有したもの、さらには液晶パネルなどの検査や画像処理用の照明に至るまで、ＬＥＤの可能性を広げることに成功した。その結果、現在では難しい条件でＬＥＤが必要になると、同社に相談に来る企業が増えたと聡氏は胸を張る。

このほか、同社では有名なビルや施設、イベントなどの大規模照明を多く手がけて

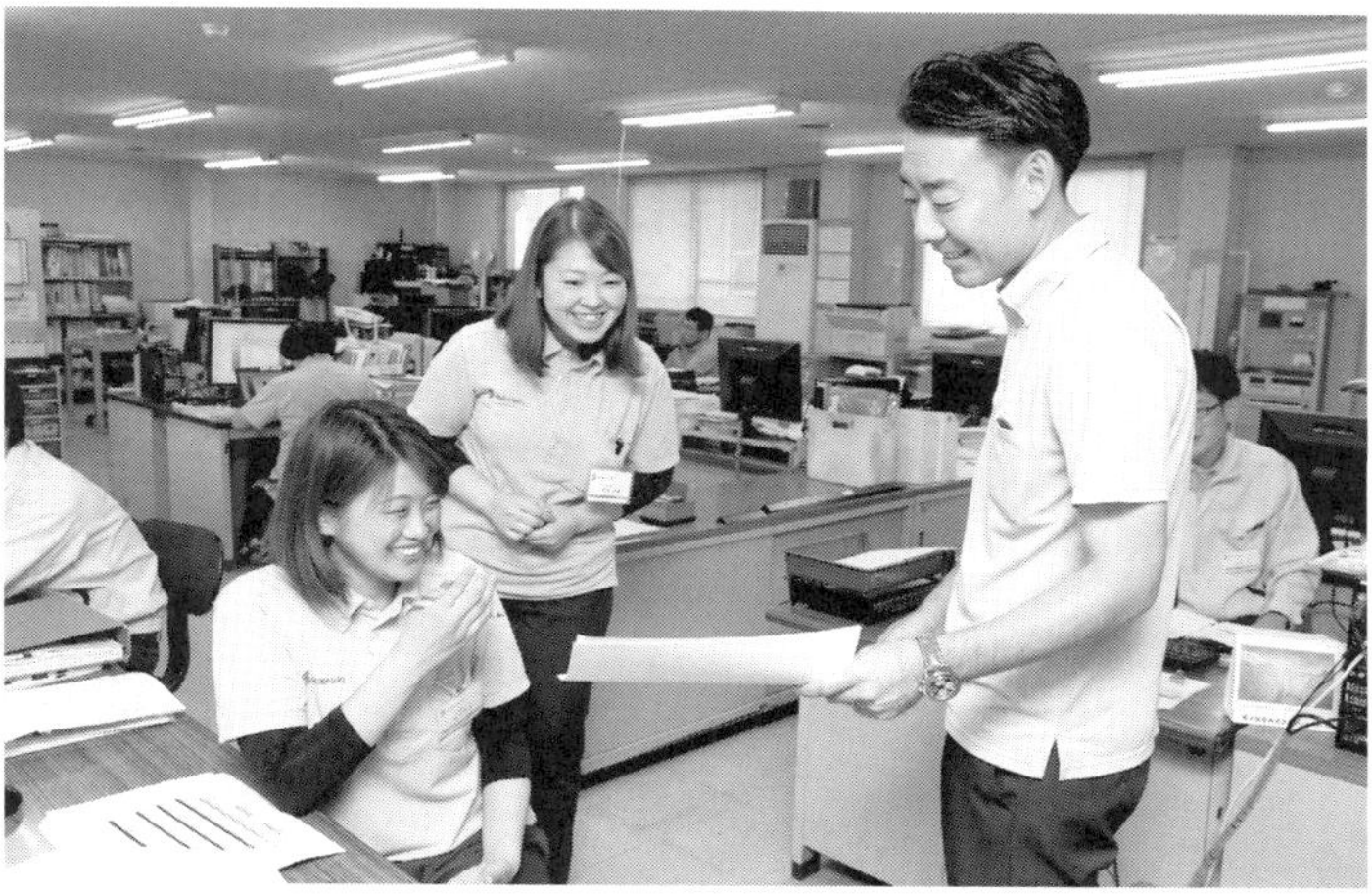

▶アルミ事業ユニットのスタッフと談笑する柴崎聡氏。現場とのコミュニケーションは常に気にかけている

おり、この分野における存在感は大きい。

「私自身はその後、アルミ事業も見るようになり、徐々に責任が重くなってきました。幸い、父はまだ元気な上、自分で発案した新しい事業に挑戦していることもあって、承継するのはもう少し先になりそうです」

それでも、心の中ではしっかり覚悟している。そう決心するまでには、こんな事件があった。部長としてLED事業を任されていた頃、経営状況があまり良くないときでも、「上に立つ人間がそれを悟られてはいけない」とできるだけニコニコしていた。すると、ある日の午前中、ある社員から「ピンチなんだから、聡さんがもっと真剣な顔をしてみんなを引っ張らないとダメ

▶一喜一憂するのはやめて、会社の成長を支えてくれる仲間と歩みたいと柴崎聡氏は決意を語る

だ」と注意された。

▼笑っていても真顔でいても正解ではない

「なるほどと思い、笑顔でいるのをやめたら、今度は午後になって別の社員から『こういうときこそ明るくしていないと！』と正反対のことを告げられたのです」

そのときは、会社の中でどのような役目を演じればいいか、まだ迷っていた。しかし、同じ日にまったく逆のことを指摘されたことで、逆に吹っ切ることができたのだ。自分は自分でしかないのだから、自然体で社員たちと接すればいいと気づいたのである。

初代である祖父がこの地で事業を始め、2代目の父がそれを大きく成長させていった。それに対して、違う個性を持つ3代目は何をすればいいのだろうか。

「シバサキという会社は祖父が種を植え、父が芽を出させました。それなら私は、その芽を

沿革

1951年　有限会社柴崎商会設立
1967年　アルミサッシの受託生産を開始
1974年　商号を株式会社柴崎産業と変更する
1980年　本社工場棟新築落成
1987年　秩父市堀切へ本社工場を新築移転し、株式会社シバサキと改称
1995年　埼玉県『彩の国工場』指定
1999年　家具・生活雑貨の自社ブランド「ALFACTO」立ち上げ
2003年　自社開発によるＬＥＤ照明ユニットの受注開始
2010年　埼玉産業人クラブより埼玉ちゃれんじ企業経営者表彰受賞
2012年　ＬＥＤ新棟竣工

育て、木になるところまでを担当したい。それなら、むしろ向いていると思っています」

そのためには長期的な経営計画を立て、事業を安定させていくことが大事だ。

中小企業大学校で受講する前、会社にはわずかな期間しか在籍していなかったため、「社員たちは私のことなど必要としていないのでは？」と悩んだことがあったという。そんなとき、職場で〝同僚〟だった人から「早く一緒に仕事をしましょうよ」とメールが届いた。これが、心の中のモヤモヤしていたものをすべて消してくれた。

「たった1人でも自分の味方がいるとわかったとき、すべての苦しみから解放されたような気がしました。あとは、少しずつ味方を増やしていけばいい。経営者と社員とは、結局のところ、一対一の人間関係の集合体でしかないのですから」

column

シバサキが目指す次世代型モノづくり

アルミとＬＥＤの事業を展開してきたシバサキでは、これらを母体とした「次世代型のモノづくり」に向けて研究開発を進めている。挑戦し続けているテーマのひとつが「光センシング」分野における先端的な商品の開発で、照明装置としてはまだ発展途上のＬＥＤ光源を、高いレベルの安定と標準化が求められる検査の領域に活用しようとの試みだ。

解決のため、多くの研究機関や大学、大手企業などとアライアンスを組み、プロジェクトを進めていった。中小企業にとって負担は決して小さくなかったものの、その成果は非常に大きかった。具体的には、農業をIoT化する手段のひとつである「非破壊糖度計測システム」、空間における環境モニタリングを行う「ライダー」、生活習慣病などのPOCT（臨床現場即時検査）を目的とした医療機器「自動ELISAシステム」、さらには水中のバクテリアをオンサイトでリアルタイムに検出する「超小型バクテリア迅速検出装置」などが実現しており、さまざまな分野でプロジェクトを続けている。

親子間の軋轢を乗り越え、事業承継を果たす

退路を断って夢の実現に邁進する

東成エレクトロビーム株式会社

真空中で高効率な溶接を行う電子ビーム溶接。大気中で高精度な加工を行うレーザ加工。東成エレクトロビーム株式会社は、日本における電子ビーム溶接とレーザ加工の先駆者で、この2つの技術をコアとする精密加工会社である。世界が注目する小惑星探査機「はやぶさ2」に使われる重要部品の溶接を任されたのをはじめ、レース用高性能エンジン、宇宙ステーション・ロケット、ジャンボ旅客機、その他自動車、携帯端末、医療機器関連など活躍の場は広範囲に及ぶ。

このように、さまざまな分野の精密加工を手がけるが、実は量産品の溶接や加工を行うことは少ない。試作品の開発や「こんな部品をつくりたいが、どのような手順で行ったらいいいか？」というような、顧客企業の課題解決に力を入れているためである。

会社概要

社　名	東成エレクトロビーム株式会社
住　所	〒190-1203　東京都西多摩郡瑞穂町高根651-6
電話番号	042-556-0611
URL	https://www.tosei.co.jp
設　立	1977年6月
資本金	8,500万円
売上高	10億5,000万円（2018年3月期）
従業員数	58人（2018年12月）
事業内容	電子ビーム受託加工、レーザ受託加工、機械加工および治工具の設計・製作、エンジニアリング事業、レーザ洗浄装置「イレーザー」の製造・販売

従来は中間財の受託加工が中心だったが、近年は持ち前のエンジニアリング技術を生かして自社製品の開発、製造、販売にも乗り出している。「受託加工はもちろん、どちらかと言えば将来はメーカーとして勝負したい」と代表取締役社長の上野邦香氏は話す。

▼父は企業連携の先覚者であり有名人

同社は「企業連携の先覚企業」としても知られる。これは「中小企業は一社単独では持てる力を十分には発揮できないが、各社が連携して強みを持ち寄れば、その力は何倍にもなり、新しい製品やサービスを開発することが可能になる」という、邦香氏の父で現取締役会長の上野保氏の信念によるものである。

▶受託加工に加えて加工装置メーカーとしてのプレゼンスを高めたいと語る上野邦香氏

保氏はその実践のために、同社が中心となり、ひとつの製品製造に関わる複数工程をまとめて引き受け、各工程をそれぞれ得意とする中小企業に振り分ける「企業間コーディネート」の仕組みを構築した。その試みは、平成8年度版「中小企業白書」にも紹介されている。

受託加工会社からメーカーに踏み出したのも、この企業連携が大いに関係している。2002年、同社がコア企業となって東京、栃木、大阪、滋賀、福岡という異なる地域の5社で構成する広域連合の「ファイブテックネット」を結成。この広域連携が、国の施策である中小企業新事業活動促進法の異分野連携新事業（新連携）の1号認定を受け、2005年にレーザによる表面洗浄装置「イレーザー」を開発した。

▶ 東成エレクトロビーム本社工場。1977年からこの地で操業する

▼父の仇を打つ

「イレーザー」は、金型など金属表面の樹脂・塗装・錆などを、母材に損傷を与えずスピーディーに除去する装置だ。溶剤を使わず、環境にも優しい。ところが、大型で価格が5000万円と高価なこともあり、1台も売れなかった。上野社長は打ち明ける。

「その頃、私は入社4年目で、初めは『父のやった仕事であり、自分とは関係ない』と思っていました」

振り返れば、父親への反抗心が最も強かった頃のことでもある。

「『あの会社は国の認定を受けること自体が目的で、売れるものをつくろうとはしていない』と外部の人から批判されていることを知り、非常に悔しい思いをしました。それなら、父に代

▶レーザ技術を応用して開発した洗浄装置「イレーザー」を2014年に投入

わって『意地でも売れるものをつくってやる』と思ったものです」

かくして、「イレーザー」の開発は邦香氏ら若手世代に受け継がれた。しかし、その後も苦戦は続く。２００７年から翌年にかけて、1号機よりもコンパクトな2号機を開発したがまったく売れず、２０１２年に開発した3号機も同じ結果をたどった。

しかし、それでも諦めなかった。２０１４年に4号機を開発すると、ついに陽の目を見た。4号機が従来機と違ったのは、外製をやめて基本的に内製とし、製品価格を６００万円台（最安タイプ）にしたことだ。また洗浄対象を金属に絞り、処理効果を高めるなど徹底したマーケット・イン戦略を講じた。２０１４年度に1台売れたのを皮切りに、次年度は2台、その次は9台と倍々で販売台数を伸ばし、２０１８年度は年間30台の販売を見通すまでになった。従来の生産体制は月産2台のため、福島県にある子会社の東成イービー東北に専用組立ラインを構築するなど、社内は活況を呈している。邦香氏は力強く語る。

「ひと頃の私でしたら、父を前に偉そうに振る舞ったかもしれません。でも、今はそういう気持ちはありません。父が原型をつくらなければ、『イレーザー』そのものも存在しなかったからです。また、現在の成果は私の手柄ではなく、高島康文技術部長をはじめ、みんなで努力した結果だからです」

▶洗浄前（上）と洗浄後（下）のサンプルの様子。ねじ山もくっきりと見える

▼今、私があるのは遠隔操作の結果か

思い起こせば、上野社長の先代に対する葛藤は10年、いや、それ以上長く続いた。

「父は私の性格を熟知し、子どもの頃から『将来は家業を継げ』とは決して言いませんでした。むしろ、『おまえの人生だから好きなことをやれ』と言っていたほどです」

しかし、節目ごとに口をはさんだ。邦香氏は高校時代、古文を得意とし、国文科に進学しようとした。しかし、それを聞いた父親から「おまえは何も知らんな。国文科じゃ、どこにも就職できないぞ」と言われ、志望先を理工学部に変えたという。大学院に進学する際も「クルマの安全技術を研究テーマにしたい」と話すと、「自動車はこれから斜陽産業になる」と言われ、結果的に精密工学、それもレーザをテーマにすることになった。

「今考えると、おかしな話が多いんです。ただ断っておきたいのは、研究テーマにレーザを選んだのは、父親の仕事を忖度したわけではなく、精密工学の中でもポテンシャルの大きい技術であると自分で判断したからです」

とはいえ、振り返れば「継げ」とは言われないまでも、父親にうまく遠隔操作されていたようなものだと邦香氏は感じている。

▼入社早々にして反抗心は頂点に

大学院を修了すると、三菱電機に就職した。配属先は研究所と工場を橋渡しする生産技術センターだった。上司や同僚に恵まれ、仕事も面白く充実した日々を過ごした。ところが、数年もすると父親から「戻らないか?」と、単刀直入に入社を求められるようになる。

「父さんは『自分の人生だから、自分の好きにしろ』って言いましたよね。今の仕事はやりがいがあるし、やりたいことがたくさんあるから戻らない」。そう言って何度か拒否したが、就職から7年後の2001年4月、三菱電機を退社し東成に入社した。

「今でも、何が入社の決め手になったか、自分でもわからないところがあります。しかし、私が継がなければ、やがて他人に渡さざるを得なくなることを考えての判断でした」

▶同社の収益に長年貢献してきた電子ビーム溶接加工（左）とサンプル（右）

　ただし、戻れと言われて戻るのは、自分自身でも納得がいかない。そこで、頃合いを見て、自分から「やらせてください」と言って入社したのである。しかし、そこから父親との軋轢は強まっていく。邦香氏は入社するや、社内の惨憺たる状況に唖然とした。きちんとした教育システムがあるわけでもなく、組織が有効に機能していない。しかし、何と言っても父への反抗心を強めたのは、借入金の金額を知ってからだ。

「借入金があることは承知していましたが、大した金額ではないだろうと高をくくっていたのです。ところが、その金額を聞いて愕然としたのです。思わず『あなたはその返済を誰にさせるつもりか?』と声を荒げたことを、今でもはっきりと覚えています」

内部がそんな状態であるにもかかわらず、父は企業連携のために外出することが多かった。邦香氏はそんな父の姿を見て、「トウセイが取れていないトウセイの社長であることを肝に銘じるべきだ」とまで言い放つことがあった。

とにかく、父への反抗心は半端ではなかった。父のやることなすこと、すべてがノーである。企業連携の会合には社長のほか、2代目や役員などが出席するのが普通だが、それすらも拒み続けた。「息子に自分のしていることが認めてもらえないのが辛い」と、父を何度も悲しませた。

▼「株式信託」制度の導入で折り合いをつける

しかし、父親との葛藤が続く中でも、ひとつだけ父親に感謝していたことがある。

「私が東成に入社するのに合わせて、ひと回り年上の将来の番頭さん（現専務取締役の根津秀夫氏）を入社させてくれたことです」

根津氏は経理や財務に明るく、企業再生まで経験した人物である。父は技術やビジネスモデルの構築には長けていても、経理や財務を不得手とした。そういう自身の経験から、息子には同じ苦労をさせたくないという配慮であった。また、根津氏の入社は前年の10月には決定していたが、息子との間に距離が生じないよう、あえて半年間待機してもらい、同期入社にしてく

▶ マルチマテリアル化の進展で異種金属接合を得意とする電子ビーム溶接の注目が高まる

れたのだ。

その根津氏は、折り合いの悪い上野親子のことを考え、2人が納得いくようなプランをいろいろ提案してくれた。「株式信託」制度の導入はそのひとつ。2012年に社長交代をする2年前に、邦香氏は父に対して「株を譲渡してほしい」と迫った。ところが、父はそれを拒んだ。父にすれば、「今、息子に株を渡すと、会社を転覆させてしまうかもしれない」という危機意識が働いたのであろう。しかし、それでは邦香氏は納得がいかない。

そこで、2010年から2017年までの7年間は、父がオーナーのまま邦香氏は議決権を持たない代表取締役社長となり、期間満了時に初めて株式が譲渡される仕組

▶先代の経営者としての偉大さを素直に認められるようになり、夢への挑戦に拍車がかかる

みにした。

▼愛妻の言葉に心が動く

入社して10年ほど経つと、邦香氏の思考に変化が芽生える。一番のきっかけは、愛妻から「いい加減に自分の運命を受け入れなさい。40歳を過ぎて、まだ父親に反抗ばかりしているのは見苦しいわよ」と言われたことだった。ちょうど、経営者としての父の偉大さや自分との違いなどがわかり始めたときで、その頃から「認めるところは認めよう」と思うようになったという。ひと頃は「父親に似ている」と言われただけで、その人が嫌いになるほど徹底していた。しかし、それも改めた。

「上野保の息子であるというだけで、物事がスムーズに進むこともあり、今では『父の名前を活用しない手はない』と思うようになりました。最近になって、ウチの父はひょっとしたら事業承継の天才じゃないかと思うことがあります」

沿革

1977年	東成エレクトロビーム株式会社設立
1979年	代表取締役社長に上野保氏就任
1989年	表面技術協会において「レーザによる新しい加工技術」を発表
1991年	「レーザによる表面改質技術の研究」通商産業省より補助金交付
2005年	中小企業新事業活動促進法による異分野連携新事業分野開拓計画で日本初の認定取得（レーザによる表面洗浄装置「イレーザー」の製造・販売事業）
2006年	郡山テクニカルセンター開所
2008年	Nadcap（国際特殊工程認証プログラム）電子ビーム溶接工程にて認証取得
2009年	医療機器製造業許可証取得
2014年	小型「イレーザー」販売開始
2017年	「イレーザー」が「2017年産業洗浄優秀新製品賞」を受賞

父は、普通の会社にはできないことができる会社をつくった。ところが、普通の会社ができているることがあまりできていない。考えてみると、普通の会社ができていることをやるのは、それほど難しくなく、成果も上げやすい。それが、逆だと2代目は苦労する。ある日のこと。邦香氏は父を前に、「誰もマネのできないビジネスモデルだが、それで安泰しすぎると息子がダメになるから、常に危機意識を持ち続けるような環境をつくり、かつ改善しやすい穴だらけの部分をあえて残した。父さんはそれをわかってやったのですか?」と尋ねると、父親はニヤリと笑ったという。

邦香氏がモットーとするのは「退路を断って、前進あるのみ」。「イレーザー」のほか、医療用検査器の商品化も進めるなど、親子2代にわたる夢の実現に向けて邁進している。

column

休日は決断しない主義

上野社長の趣味は、休日を家族と一緒に過ごすこと。家族構成は夫妻と１１歳、９歳の息子の４人。「独身時代が長く、自由な時間を持て余していたせいか、家族に束縛されるのが案外心地いい。休日はすべての時間を家族に捧げている」という。

中でも、一番気に入っているのは「決断」しなくて済むこと。「社長業は毎日が決断の連続でしょう。だから、休日くらいは決断から解放されたい」。食事にしても、旅行先選びにしても、家族が食べたいもの、行きたいところに黙って従うようにしている。

数年前からは、子どもたちにせがまれて、近くの公園でスケートボードをやるようになった。自身は、スキーは得意だが、スケボーは初心者である。初めは子どもたちにつき合っているつもりだったが、子ども相手とは言え、競っていると負けず嫌いの本性が現れる。「夜にこっそりと家を抜け出して練習していたら、転んで服が破れ、全部バレた」と笑う。休日限定だが、こうした家族との触れ合いが日頃の活力源になっていることは間違いなさそうだ。

債務超過からの会社再建に確かな手応え

社員と励む永年企業の基礎づくり

株式会社明清産業

現代人の生活に欠くことのできない電気。その電気を目的に合わせて導くのが電線である。電線には太いものや細いもの、裸電線、絶縁電線、ケーブル、コードなどさまざまなものがあるが、株式会社明清産業が製造するのは、電線の中でも極細の製品だ。最も細い裸電線で、髪の毛の10分の1程度の0・01㎜径。絶縁電線では0・08㎜径の製品までつくることができる。「これだけ細い電線をつくれる企業は世界でも少なく、おそらく国内では当社だけだと思います」と代表取締役社長の石川智也氏は話す。

▼極細電線が勝負になると読んだ背景

中でも得意なのが、銅箔糸と呼ばれる極細の絶縁電線。丸い銅線をつぶして極薄箔の状態にして、それを糸（繊維）の上に巻きつけるものだ。

会社概要

社　　名	株式会社明清産業
住　　所	〒371-0202　群馬県前橋市粕川町室沢1332
電話番号	027-285-4121
U R L	http://www.meisei-ind.co.jp/
設　　立	1970年10月
資 本 金	3,000万円
売 上 高	8億円（2018年3月期）
従業員数	49人（2018年10月）
事業内容	銅箔糸、スピーカー用リード線、極細集合線、電子機器用リード線、各種自動機械設備の製造・販売

裸電線は折ったり押したりすると切れやすくなるが、箔の状態にすると屈曲に強くなる。特に近年は、これらの銅箔糸がロボットや機械などに多用され、同社の売上の半数近くを占めるようになっている。このほか、医療用の内視鏡の同軸ケーブルなどに使われる極細集合線やスピーカー用リード線、リード線に端末加工を施した電子機器用リード線などもつくる。

創業は1969年。非鉄金属加工会社に勤務していた力石常明氏（現同社顧問）が独立し、起業したのが始まりである。初期には一般的な太い電線なども製造していたが、中小企業が汎用品で勝負するのは難しいと判断し、極細電線の製造に軸足を移した。

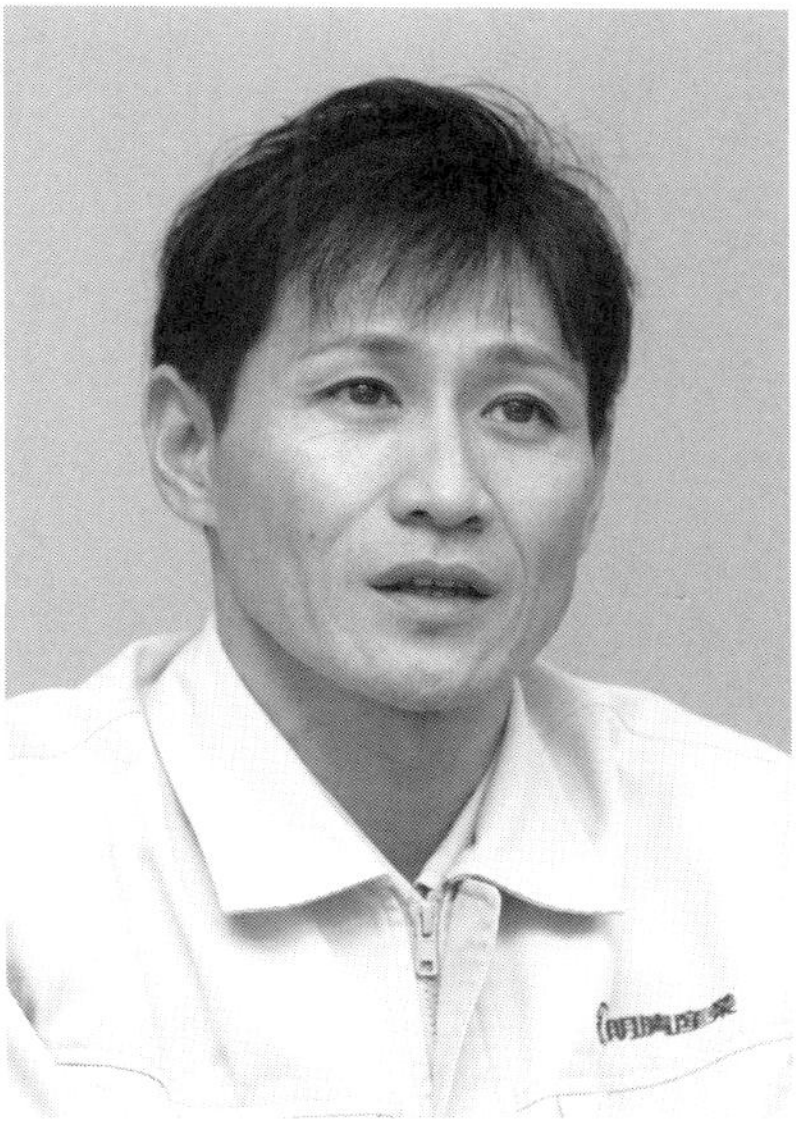

▶細径の銅電線が製造できるという他社にない競争優位があったにもかかわらず、家業を継ぐことを想定していなかったという石川智也氏

1980年代には当時、流行した家庭用コンピュータゲーム機の本体とコントローラをつなぐケーブルに同社製の銅箔糸が採用され、この時代に業容を拡大した。この仕事は、やがて海外企業との間

のコスト競争に巻き込まれ、数年間でなくなってしまったが、その他の極細電線の需要は継続してあり、仕事に困ることはなかった。

石川氏は高校を卒業した後、海上自衛隊に入隊した。初めは恐る恐る過ごしていたが、いつしかここで「人生をかけてもいい」と思うようになった。しかし1年後、姻戚関係にあった先代社長の力石氏から明清産業への入社を促され、後ろ髪を引かれる思いで除隊したという。入社後は先代の片腕として活躍し、２０００年には20代の若さで常務取締役に抜擢された。

▼先代との確執から会社を離れる

同社の強みは、製造装置をほぼ１００％自前でつくるため、他社がマネをしたくてもできないことにある。その優位性を石川氏はこう見ている。

「その基盤をつくったのは先代であり、その功績は十分認めています」

半面、これらの装置開発をはじめとする設備投資は、同社にとってまさしく諸刃の剣であったのだ。石川氏は続ける。

「先代のことを悪く言いたくはないのですが、先代は装置開発を趣味としているようなところがあり、『いい機械さえつくれば、事業は成功する』と考えていました。私は、そのことに大いに疑問を感じていたのです」

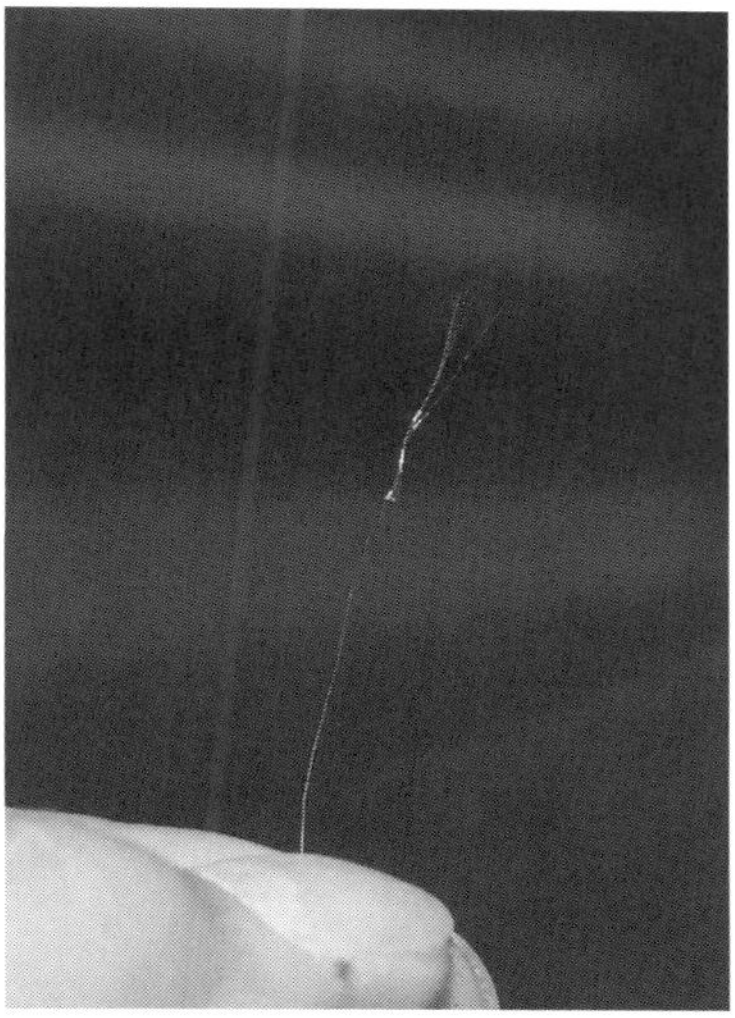

▶髪の毛の1/10ほどと言われる0.01mm径の極細電線（左上）と平編みリード線（右上）、ビニール被覆電線（下）

どんなに良い機械でも、故障はするし不具合も生じる。それをメンテナンスするのは人間であり、操作性の改善や仕事の段取りなど、機械を生かすも殺すも人間次第である。だからこそ、「人材育成を含めて、従業員をもっと信用して大切に扱うべき」と石川氏は考えた。

やがて先代との間の確執は強まり、口論が絶えなくなった。身の丈に合った装置開発や設備投資の仕方であれば、問題にするようなことではないが、あまりに無計画過ぎるというような場面にたびたび出くわしたという。

その後、石川氏が危惧した通り、設備資金の過剰な借り入れによって資金繰りが悪化し、2009年に同社は民事再生を申請する。そして石川氏は、先代との確執を解消できないまま明清産業を退職した。

▼中小企業大学校でかけがえのない人たちと出会う

話は前後するが、石川氏は常務取締役時代の2004年、中小企業大学校東京校の経営後継者研修を受講した。社内では開発や製造、経理、営業、海外業務などあらゆる業務に携わったが、高校卒業後は実務しか経験がなく、それも自己流でしかなかったため、ビジネスに関する基礎知識を学びたかったのだ。

しかし、先代に相談すると、「そんなことよりも、仕事を一生懸命しろ」と言われ、許可が

▶赤城山の裾野に位置する明清産業の本社工場。極細電線の旺盛な需要を背景に、惜しみなく投資を繰り返してきた

下りなかった。先代にとって石川氏は片腕のような存在であったので、「10カ月も会社を空けられてはたまらない」と思ったのだろう。しかし、石川氏の意志は固く、「寮に入って日中は勉強するが、夜にはちゃんと仕事をする」ことを条件に、やっとの思いで先代を説得したのである。

「講義はきわめて新鮮で有意義でした。それまで知らなかった経理やマーケティング理論を学べたことはもちろんですが、私の場合はすでに実務経験を積んでいたため、自分のしてきたことと理論を対比させて、自分の中に落とし込むという学び方ができたのです」

先代と交わした約束も守った。

「パソコンとeメール、電話で毎日、夜

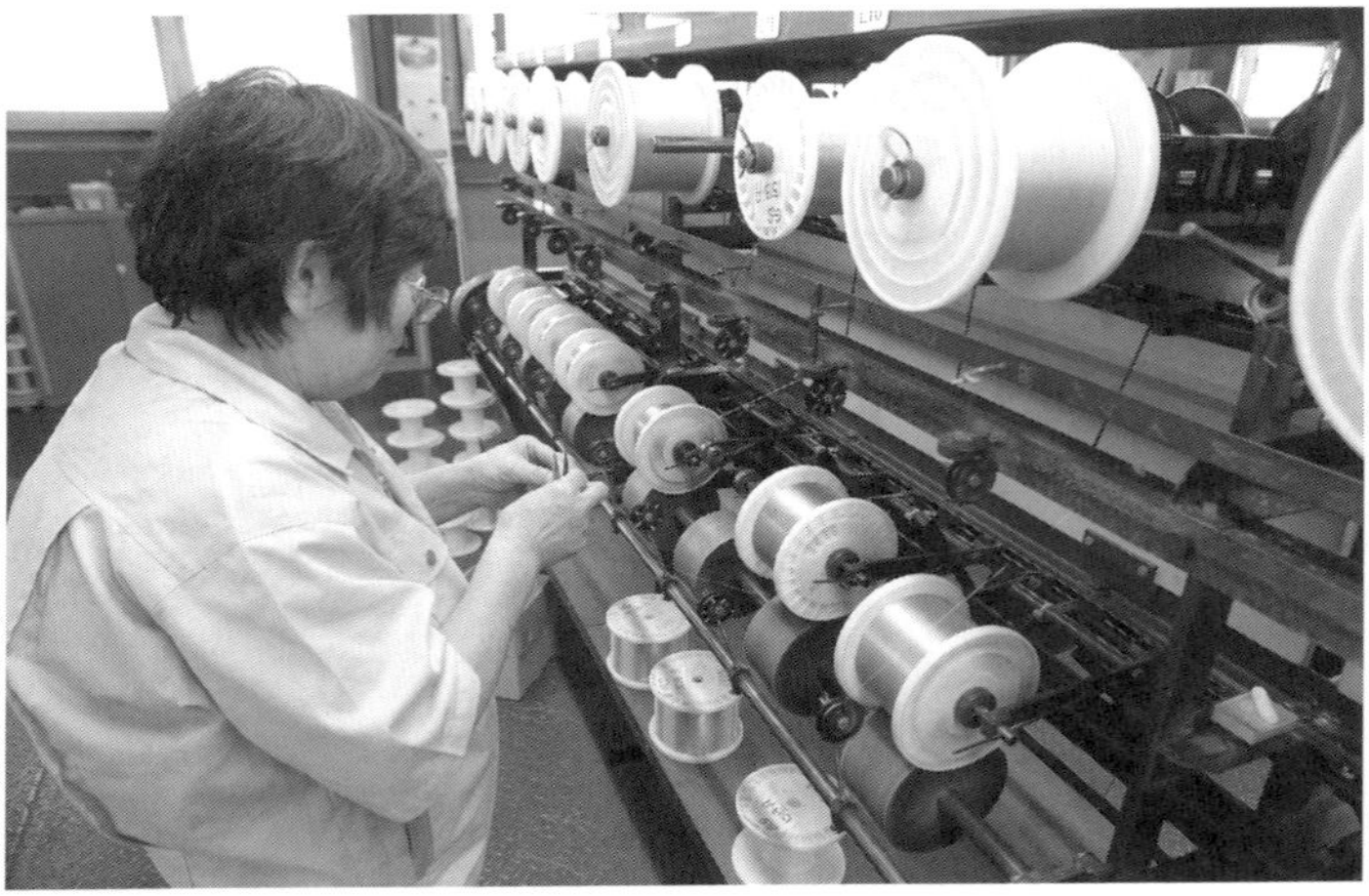

▶銅を伸線し圧延したものを巻き取る工程

中の11時頃から仕事をしました。ちょうどアメリカ企業相手の海外業務をメインにしていた頃で、日本の夜中が向こうの朝になるため、連絡を取るには都合がよかったのです」

中小企業大学校では、かけがえのない同期たちと巡り合うこともできた。向学心に燃えた連中に囲まれ、石川氏が日中の講義で居眠りなどをしていると、横から叩き起こしてくれる熱い仲間だった。

研修を修了してから4年後、石川氏が明清産業を退職することを決意したときも、真っ先に相談したのは中小企業大学校で知り合った同期たちであった。いずれも将来、後継者になる予定の人たちである。そのうちの2人から、「将来の身の振り方が決まるまで、リハビリだと思ってウチで働かないか?」と、2

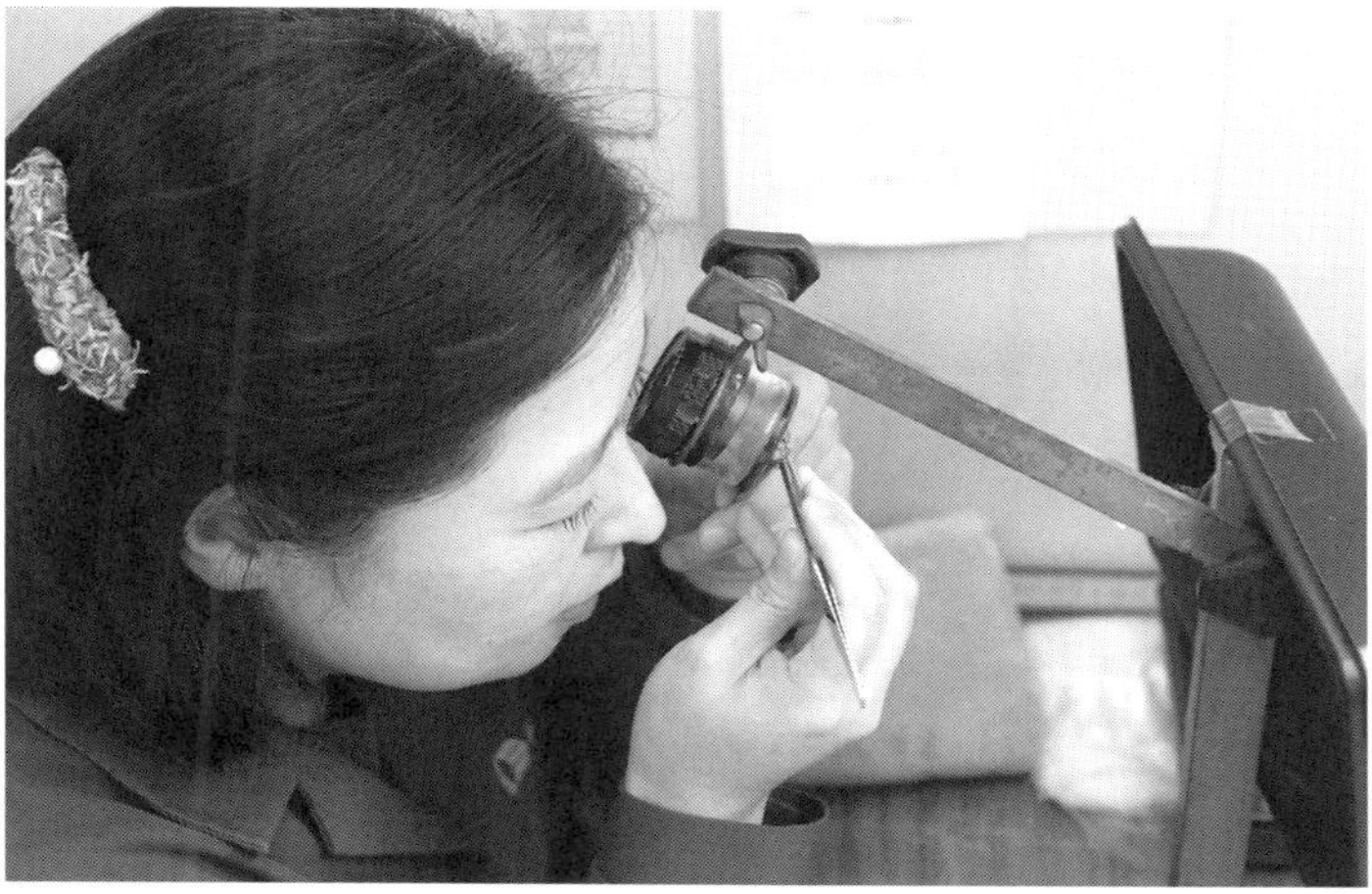

▶撚り線の具合を直接目視で確認する検査工程。細心の注意が払われる

人とも自社へ誘ってくれた。

「特に嬉しかったのは、両社とも社長がとても寛大な方で、私を実の息子のように可愛がってくださったことです」

一方は小売業、もう一方は製造業である。こうして3年もの間、2人の先代からさまざまなことを学ぶ経験ができたという。

転機が訪れたのは、2社目の企業に勤務中のときであった。明清産業の先代から、「君に社長を任せたい」と、復帰を求める連絡が届いたのである。

▼減収増益戦略で事業基盤を固める

石川氏は当初、この誘いを断った。いざ復帰しても、以前と同じことの繰り返しだったら困るからだ。また、民事再生が始まってから4年しか経過しておらず、6年分の弁済が残っている。まして計画では、後になるほど多額の弁済をクリアしなければならないのだ。

しかし、その後も繰り返し先代から復帰を求められたため、「自分のやり方で会社経営を行い、それに対して一切口出しをしないこと」を条件に、社長を引き受けることにした。先代もそれを了承したため、２０１３年1月、石川氏は明清産業に復帰した。復帰後は実務の勘を取り戻すため、半年間は取締役として勤務した後、同年7月に代表取締役社長に就任した。

石川氏にかかる負荷や責任は、以前とは比較にならないほど重くなった。それでもあえて火中の栗を拾うことにしたのは、「大好きな従業員たちの生活を守りたい」との一念だった。

「私が幸運だったのは、民事再生企業となった後も、多くの得意先や仕入先はそのまま残り、そして何よりも大部分の従業員が辞めていなかったことでした」

石川社長のやるべきことははっきりしていた。民事再生を計画通りやり切り、２０１９年までにすべての債務を弁済することである。そのために実行したのは、石川氏が先頭に立っての減収増益戦略と全社を挙げての改善活動であった。売上至上主義を改め、採算性の低い事業から撤退し、採算割れの取引を続けてきた得意先との値上げ交渉にも努めた。そして、交渉が決裂した取引先については、取引を継続しないなどの大胆な改革を行った。

「私が行ったのはそれくらいであって、実は、従業員たちがやってくれた改善効果の方が、さ

▶ 日頃から事務部門のスタッフとの何気ないコミュニケーションにも気を配っている

らに大きな成果を生んだのです」

端的な例を挙げると、まったく同じ設備で、同じ材料で、同じモノをつくっているのに、5年前と比較すると生産量が1・5倍向上した生産ラインがある。これは、機械のどこをどう変えたから生産量が伸びた、という単純なことではなく、細かい改善を積み重ねた結果からなのである。

減収増益戦略の結果、9億円強あった年商は8億円に減少した。しかし、5年前まではほんの数%だった同社の経常利益率は、今では10倍超にまで高まるなど、財務体質は格段に向上した。同社は過去、10年以上にわたって従業員に賞与を支給していなかったが、石川氏が社長に就任した2期目から、業績に応じて賞与を支給するようにもなった。そして、支給額は年々増えている。

従業員も、自分たちが努力すればするほど還元される額が多くなると知り、日々の改善活動にも力が入るようになった。何よりも、民事再生の完済に確かな見通しを得ていることが、従業員の明るい表情からも伝わってくるようになったのだ。

▶自分に任された期間だけでなく、50年、100年という長いスパンで従業員とともに歩める体制を敷きたいと石川智也氏は望む

▼50年、100年先を考える

石川氏は自らの経験や他社の事例などから、先代にとって重要なのは「事業承継の準備をきちんとすることと、自らの辞める時期を決め、そのタイミングをずらさないこと」だと指摘する。

「どうも、先代がグズグズしている会社に限って、後継者と揉めているところが多いような気がするのです。特に問題なのは、『やっても、あと数年』と自覚している経営者です。そう

沿革

1969年	アオイ産業として個人創業
1970年	有限会社明清産業に改組
1989年	株式会社明清産業に組織変更し、本社工場を群馬県桐生市から前橋市粕川町に移転
1991年	技術部を関連法人祐基工業に改編
1996年	祐基工業より技術部を明清産業に移籍
2001年	システム機器事業部工場設置
2003年	ISO9001 EQAICCを取得
2006年	経済産業省・中小企業庁より「元気なモノ作り中小企業300社」に選定
2013年	石川智也氏が代表取締役社長に就任
2019年	民事再生再建計画 自力再建終結予定

いう人は長期的な経営判断ができず、短期間で仕上げようとするものです。その結果、無理が生じます。当社の場合も、地方に新たに工場をつくったことが債務超過の引き金になりました。先代に聞くと『焦っていた』と言っていました」

現在の同社は、短期的に大きな利益を出すことよりも、長く生き続けることができる企業を目指している。それには、自分が任される期間だけやるのではなく、その先の50年、100年を考えた下地づくりをするような仕事の取り組み方をしなければならない。

負の資産になりそうなものを見つけたら、今のうちから排除する。「それを従業員とともに考え、ともに行動する。そういう風土ができつつあることが何よりも嬉しい」と、石川氏は手応えを感じている。

column

社員の主体性を育む

石川社長の社員教育方針は、社員の主体性を育む教育である。

「社員から『何かをやりたい』と進言があっても、自分で考えてダメだと思ったらダメ出しする経営者がいるでしょう。そういう環境で育った社員は、やがて自ら物事を考えて行動することをしなくなります」

これに対し、明清産業ではよほどのことでもない限り、社員から申請のあった備品などは努めて購入するようにしている。実は2018年度を迎える際、石川社長は社員を前に、「この1年間、何を購入するかは自分たちで判断して行動してください」と宣言した。

「もしかしたら、『言い出した者勝ち』『やった者勝ち』の状態になるかと内心は冷や冷やしましたが、蓋を開けてみたら例年に比べて、備品購入額が大きく減ったのです」

この現象を喜ぶべきか、悲しむべきかは少々迷うところだが、信頼できる社員たちに恵まれたことだけは確かだ、と石川社長は笑顔を見せる。

引き継がれる中小企業

後継者15人の「事業承継」奮闘物語

NDC335.35

2019年2月21日　初版1刷発行

定価はカバーに表示されております。

編　者　日刊工業新聞特別取材班
協　力　中小企業基盤整備機構
　　　　中小企業大学校
発行者　井水治博
発行所　日刊工業新聞社

〒103-8548　東京都中央区日本橋小網町14-1
電話　書籍編集部　03-5644-7490
　　　販売・管理部　03-5644-7410
　　　FAX　03-5644-7400
振替口座　00190-2-186076
URL　http://pub.nikkan.co.jp/
email　info@media.nikkan.co.jp

印刷・製本　新日本印刷

落丁・乱丁本はお取り替えいたします。　2019　Printed in Japan

ISBN 978-4-526-07945-0　C3034